REPORT ON THE DEVELOPMENT OF
SHENZHEN WOMEN AND CHILDREN (2023): EDUCATION

深圳妇女儿童
发展报告
(2023)
教育

深圳市妇女儿童发展研究会　主编

社会科学文献出版社
SOCIAL SCIENCES ACADEMIC PRESS (CHINA)

主编单位、编委会主任简介

深圳市妇女儿童发展研究会 成立于 20 世纪 90 年代，是深圳市妇联直属并主管的社会团体，是深圳市妇女儿童及家庭领域的综合性研究、指导机构和公益性服务机构，旨在促进深圳市及大湾区妇女儿童及家庭领域的理论研究和妇女儿童事业的发展。

深圳市妇女儿童发展研究会主要针对妇女儿童及家庭发展相关领域难点、热点，开展系统性的理论研究、形式多样的调研活动，为政府决策和顶层设计提供建议、意见和高效优质的专业服务；与国内外学术机构和团体进行广泛的学术交流与研讨，推动和促进妇女儿童及家庭领域的合作发展；着力提升和不断优化妇女儿童身心健康成长的服务。

深圳市妇女儿童发展研究会结合深圳妇女儿童及家庭的需求，努力搭建妇女儿童和家庭发展平台，以可持续、项目化的形式，提供包括女性综合素质、就业创业、婚姻家庭、身心健康、亲子关系、家庭教育、文化习得等方面的研习指导、培育孵化及专业化特色服务。

刘 蕾 深圳市文化广电旅游体育局党组书记、局长，曾任深圳市妇女联合会党组书记、主席，深圳市龙华区委常委、组织部部长，武汉大学政治经济学博士。任职深圳市妇联以来，在全国先行示范推进儿童友好城市建设，出台全国首个儿童友好公共服务体系建设地方性标准；开办首届儿童友好艺术节，打造由妇儿大厦及周边街区组成的儿童公益服务阵地集群；深化家庭家教家风建设，推进家家幸福安康工程，创建家教家风实践基地，部门获评全国家庭工作先进集体；大力推进适龄女性 HPV 疫苗接种、免费婚前孕前保健、"两癌"筛查、"阳光行动"项目服务等工作，为广大妇女儿童提供精准服务；坚持致力于对儿童发展的优先保障，促进妇女儿童全面发展，让广大妇女儿童共享改革发展成果。

摘 要

2023 年，中共深圳市委、市政府坚持以习近平新时代中国特色社会主义思想为指导，深入贯彻党的二十大精神，认真贯彻落实习近平总书记关于妇女儿童工作的一系列重要论述，高度重视妇儿教育事业发展，全面贯彻党的教育方针，落实立德树人根本任务，深入推进妇女儿童教育事业实现高质量发展，妇儿教育事业迈上新台阶。本书分为总报告、家庭教育篇、学校教育篇和职业教育及其他篇四个部分。总报告总结了聚合政策引领、实现先行示范、融合多项举措、释放智慧赋能、整合多方资源、增进妇儿福祉的深圳教育发展成功经验与实践。家庭教育篇、学校教育篇和职业教育及其他篇分别总结了深圳社会治理"家"路径、基础教育普职分流的改革、职业技能人才培养等经验探索，展望了深圳市妇儿教育事业发展的美好未来。

站在新的历史起点上，深圳市将抓住"双区"建设的重大机遇，继续以习近平新时代中国特色社会主义思想为根本遵循，以实现妇儿教育均衡充分发展为根本任务，以构建和谐社会为根本价值取向，改革创新、先行示范，写就妇儿教育事业高质量发展新篇章。

关键词： 深圳　妇女儿童教育　高质量发展　家庭教育　学校教育

Abstract

In 2023, the Shenzhen Municipal Party Committee and Municipal Government adhered to the guidance of Xi Jinping Thought on Socialism with Chinese Characteristics for a New Era, deeply implemented the spirit of the 20th National Congress of the Communist Party of China, seriously implemented a series of important expositions by General Secretary Xi Jinping on women's and children's work, attached great importance to the development of women's and children's education, fully implemented the Party's education policy, implemented the fundamental task of fostering virtue through education, and deeply promoted the high-quality development of women's and children's education, which has reached a new level. This book is divided into four parts: general report, family education, school education, and vocational education and other. The general report summarizes the successful experience and practice of Shenzhen's education development in aggregating policy guidance, realizing pilot demonstration, integrating multiple measures, unleashing the empowerment of wisdom, integrating various resources, and enhancing the well-being of women and children. The sections on family education, school education, and vocational education and other summarize the experience and exploration of Shenzhen's social governance "home" path, the reform of the diversion of general and vocational education in basic education, and the cultivation of vocational and technical talents, and look forward to the bright future of the development of women's and children's education in Shenzhen.

Standing at a new historical starting point, Shenzhen will seize the major opportunity of the construction of the "two zones", continue to follow the fundamental guidance of Xi Jinping Thought on Socialism with Chinese

Characteristics for a New Era, take the balanced and full development of women's and children's education as the fundamental task, take the construction of a harmonious society as the fundamental value orientation, reform and innovate, take the lead in demonstration, and draw a new chapter for the high-quality development of women's and children's education.

Keywords: Shenzhen, Women and Children Education, High-quality Development, Family Education, School Education

目 录 ⬧

I 总报告

II 家庭教育篇

Ⅲ 学校教育篇

Ⅳ 职业教育及其他篇

总 报 告

深圳市妇女儿童教育事业
发展报告（2023）

——新时代、新风尚、新形象、新样板，妇儿
教育事业迈上高质量发展之路

深圳妇女儿童发展报告课题组 *

摘 要： 2023 年，深圳市以习近平新时代中国特色社会主义思想为指导，深入贯彻党的二十大精神，全面贯彻党的教育方针，落实立德树人根本任务，坚定不移地实施教育优先发展战略，继续深入推进妇女儿童教育事业高质量发展，妇儿教育事业发展迈上了新的台阶，主要体现在高质量学位供给不断增加，妇儿素质、职业领导力、科学素养全面提高等方面。但同时，妇儿教育事业也面临着妇儿教育水平发展不够均衡、专业机构和人才队伍仍须加强等一些困难和挑战。站在新的历史起点上，深圳将准确把握新时代妇儿教育事业面临的新形势、新目标、新使命，加快实现"幼有善育、学有优

---

* 深圳妇女儿童发展报告课题组成员：王庆如（执笔人），教育学博士，副研究员，就职于深圳市教育科学研究院，主要研究方向为教育政策与管理、妇女儿童教育与发展等；叶海燕，深圳市妇女儿童发展研究会秘书长；何帆，深圳市妇联家庭与儿童工作部部长；莫丽娟，深圳市妇联家庭与儿童工作部副部长；韩嫣然，《中国妇女报》深圳记者站记者。

教"，提高妇儿教育服务城市创新发展的能力，为深圳建设中国特色社会主义先行示范区和创建社会主义现代化强国的城市范例提供强有力支撑。

关键词： 妇女儿童 教育事业 高质量发展

2023 年，深圳市以习近平新时代中国特色社会主义思想为指导，深入贯彻党的二十大精神，全面贯彻党的教育方针，落实立德树人根本任务，坚定不移地实施教育优先发展战略，继续深入推进妇女儿童（以下简称"妇儿"）教育事业高质量发展，妇儿教育事业发展迈上了新的台阶，主要体现在高质量学位供给不断增加，妇儿素质、职业领导力、科学素养全面提高，妇女也成为新时代家庭的建设者和倡导者。截至 2022 年，全市教育规模进一步扩大，各级各类学校共有 2862 所（含幼儿 935 所），比 2021 年增加 96 所，增长 3.47%。其中，公办学校 1565 所。2022 年，各级各类学校在校生共有 266.21 万人，比 2021 年增加 10 万人，增长 3.90%；各级各类学校共有教职工 26.35 万人，比 2021 年增加 1.16 万人，增长 4.61%。①

一 妇儿教育事业迈向高质量发展之路

（一）妇儿教育水平全面提升

1. 实施教育优先发展战略，高质量学位供给持续增加

为全面落实教育优先发展战略，加大了公共财政对基础教育的投入，深入开展了教育资源与人口规模、结构、空间分布的匹配度研究，根据未来供给需求，前瞻性、精准化地规划教育设施和资源。深圳市建立了"幼有善

---

① 深圳市教育局：《2022 年深圳教育事业发展基本情况》，http://szeb.sz.gov.cn，最后访问日期：2024 年 3 月 5 日。

育""学有优教"的教育体制，进一步提高了儿童受教育水平。百万学位建设攻坚计划成效显著。改扩建中小学校、幼儿园182所，新增基础教育学位20.6万个，再创历史新高。自2020年百万学位攻坚计划实施以来，已累计新增基础教育学位43.7万个。公办幼儿园在园儿童占比达到54.7%，普惠性幼儿园在园儿童占比达到88.6%。在国内首创高中园模式，三所高中园投入使用，2022年新增公办普高18所，全市普高录取率达到70%，公办普高录取率达到53.8%，比大规模学校建设前分别提高了近8个、10个百分点。

2. 建立了"幼有善育""学有优教"的教育体制

一是高标准办好学前教育。优化学前教育结构，形成以公办幼儿园、普惠性民办幼儿园为主体，特色化民办幼儿园、微小型幼儿园为补充的学前教育体系，为市民提供普惠服务与多样化选择。健全普惠性学前教育成本分担机制，建立公办园收费标准动态调整机制。二是增加优质义务教育学位供给。加强优质特色中小学教育发展，增加优质义务教育学位供给，逐步缩小班额，降低生师比，推进义务教育均衡发展。三是高质量普及高中阶段教育。探索普通高中建设和管理新模式，加快公办高中建设，增加公办普通高中学位，提高公办普通高中录取率。四是健全"双元"育人现代职业教育体系，开展校企合作共建，实施协同育人机制。与国外高水平职业院校建立长期合作机制，打通中等职业教育与高等教育贯通的机制，培养高级应用型人才。五是对全市2800多所学校（幼儿园）开展全覆盖式安全检查，确保教育系统安全。对口帮扶5个省［10个市40个县（区）］，与302所学校建立"一对一"帮扶关系，构建了从幼儿园到高中全覆盖式学校结对帮扶机制。

3. 充分保障特殊儿童群体受教育权利

截至2022年，深圳市共有262所普通中小学校拥有专门的特殊教育资源，比2021年增加69所，增长了35.75%。并且通过招聘、引进、购买服务等方式配备了专兼职资源教师，促进了特殊中小学生接受公平而有质量的教育。孤儿、事实无人抚养儿童、残疾儿童、留守儿童、困境儿童等特殊群体受教育权利得到根本保障。坚持以普通学校随班就读为主体，以特殊教育学校为骨干，以送教上门和远程教育为补充，全面推进融合教育。2016年至今，深圳市中小学随班就读学生的生均公用经费均按普通学校生均公用经费标准的10倍拨付。其中，罗湖区和福田区对特殊教育学生的经费支持最高，小学生均公用经费按照5.2万元/人、初中生均公用经费按照6.8万元/人进行拨付；其他区小学生均公用经费为1.15万元/人、初中生均公用经费为1.95万元/人。同时，加快发展以职业教育为重点的残疾人高中阶段教育。建立残疾人教育专家委员会，对适龄残疾儿童少年的身体状况、接受教育的能力和适应学校学习生活的能力进行评估，对残疾人义务教育问题提供咨询，提出建议。

4. 基础教育发展实现"量质双升"

坚持从民生上办教育，千方百计扩规模、提质量、促公平，努力解决市民群众急难愁盼的"有学上、上好学"问题，全力满足超大型城市适龄人口的入学需求。全年新改扩建中小学校、幼儿园182所，新增基础教育学位20.6万个、托位0.72万个，普惠园（含公办园）在园儿童占比达88.6%。公办中小学教育集团总量达到71个。大力推进义务教育优质均衡、学前教育普及普惠发展，福田区在全省率先通过"全国义务教育优质均衡发展区"国家督导评估认定，南山、盐田区通过省级督导评估，福田、南山、光明区在全省首批通过"全国学前教育普及普惠区"省级督导评估。加快建设高中新课程新教材实施国家级示范区和国家信息化教学示范区"双区"，16所高中获评广东省高中新课程新教材实施示范校，25所学校成为教育部智慧教育示范校。

探索云端学校高质量智慧教育。出台《深圳市基础教育信息化"十四五"规划》《深圳市智慧教育领航人才培养工程实施方案》，云端学校创新实践入选教育部智慧教育优秀案例、2022年度深圳市二十项优秀改革案例。

5. 高等教育高水平发展加快推进

瞄准国家重大战略和城市发展需要，抓好高等教育这一"龙头"，奋力跑出高水平发展的"深圳速度"。市政府与北京大学、清华大学签署新一轮深化合作办学协议，市校之间在教育、科技、人才领域的合作全面升级。高水平大学建设全面提速，出台并实施推进深圳大学等8所高校高水平大学建设总体方案，南方科技大学入选第二批国家卓越工程师学院建设高校，深圳大学科研项目入选"2022年度中国科学十大进展"，深圳理工大学建设加速推进，深圳海洋大学、香港中文大学（深圳）医学院等开工建设。一流学科建设成绩突出，出台调整优化高等教育学科专业结构实施方案，市属高校新增7个学科，累计32个学科进入ESI排名前1%。高校成为全球高端人才的"聚宝盆"，全市高校全职院士达到112名。西丽湖国际科教城X9高校院所联盟集群优势不断突显，全市有17所高校院所实现148门课程互选、5508台重大科研仪器设备共享共用，6所高校实现学分互认。2022年，全市共有普通高等学校14所，成人高等学校1所；在校生共计19.6万人，比2021年增加1.62万人，增长9.01%。其中，普通高等学校增加在校生1万人，成人高等学校增加在校生0.62万人。

6. 教育开放交流开拓新局面

积极发挥粤港澳大湾区核心引擎功能，务实推动粤港澳教育交流合作和教育开放，进一步扩大深圳教育"朋友圈"。市政府与港中大、港中大（深圳）签署深化合作补充协议，深港合作办学水平进一步提高。粤港澳大湾区特色职教园区正式开园，探索了深港两地联合开设课程、联合培养人才的新路径。第十二届深港校长论坛参与范围扩大到大湾区9市，成为大湾区知名教育交流品牌。接待140多批1.5万名香港师生来深考察。新增深港澳姊妹学校63对，总量达到410对，覆盖三地师生近100万人，深港澳师生交流合作进一步加强。港人子弟学校累计达5所，16所学校开设港人子弟班，港澳子弟可以在深享受更加多元的入学选择。编制实施《留学深圳五年行动计划》，联合国教科文组织职业技术教育数字化教席正式揭牌，深圳教育国际吸引力、影响力进一步提升。

（二）妇儿素质教育全面提升

1. 面向妇女广泛开展思想政治教育，树立新时代女性新风尚

面向妇女广泛开展思想政治教育。深入开展学习贯彻习近平新时代中国特色社会主义思想主题教育，加强中国共产党党史、新中国史、改革开放史、社会主义发展史教育，引导妇女听党话、跟党走，增强"四个意识"、坚定"四个自信"、做到"两个维护"，把个人理想追求融入党和国家事业大局。增进妇女对习近平新时代中国特色社会主义思想的政治认同、思想认同、情感认同，引领妇女做伟大事业的建设者、文明风尚的倡导者、敢于追梦的奋斗者。充分发挥学校教育主阵地作用，将思想价值引领贯穿于教育教学及管理全过程和校园生活各方面。加强对新经济组织、新兴产业、新媒体行业以及活跃在网络空间中的女性的积极引导。

2. 全方位推进素质教育，提升妇儿整体素养

建立健全以培养妇儿的创新精神和实践能力为重点的教育模式，整合社会资源，设立爱国主义教育、自然教育、科普教育、艺术教育、公益教育、劳动教育、安全教育、生命教育等各类综合素养教育实践基地。提高学校科学课程教育质量，鼓励小学低年级开设以实验为主的科学课。加强专兼职科学教师和科技辅导员队伍建设。完善青少年科学素质监测评估体系。确保中小学各年级足量、按时、生动开展音体美等课程。讲好深圳教育故事，推出"圳少年""圳青年"系列宣传报道20期，全网流量超3亿人次，"深圳教育"官微被评为"深圳年度优秀政务新媒体"。

加大面向女性的科学知识的传播与普及力度。出台《深圳市中小学科技创新教育行动计划》，强化深圳创新教育特色，引导中小学女学生参加各类科普活动和科技竞赛，培养科学兴趣、创新精神，提高实践能力。鼓励女大学生积极参与项目设计、创新创业、科技竞赛等活动，在实践中培养科学精神和创新能力，参加2022年全国职业院校技能大赛，成绩突出，获一等奖18个，位居广东省前列。鼓励科研院所招收女性科研人员和研究生，增加女性科技人才参与继续教育和专业培训的机会。探索开展针对女科技工作者的专项培养计划。

3. 立德树人根本任务进一步落实

坚持按规律办教育，聚焦立德树人根本任务，积极探索学生德智体美劳全面发展的"深圳路径"。大力推进思政教育提质创新，深圳大学马克思主

义学院获评广东省首批重点马院，71 条"行走思政课"路线广受好评，"圳少年"等活动尽显深圳学子"圳能量"。出台《深圳市加强和改进学校体育工作的实施意见》，在国内率先推行义务教育阶段学校"每天一节体育课"。开展 45 项市级大型校园体育赛事，全市中小学实现"班班有活动、周周有比赛、月月有颁奖"。实施儿童青少年近视防控三年行动计划，近三年（2020~2022 年）近视率分别下降 0.2 个、1.0 个、1.2 个百分点。校园艺术节面向每个人，精彩纷呈，劳动教育各有特色，充满活力，国家、省、市级艺术教育特色学校和中华优秀传统文化传承学校达到 244 所，11 所学校获评广东省劳动教育特色学校，"家庭教育大讲坛""谈心"等育人品牌广受欢迎。积极做好"双减"和科学教育"加法"，在全国率先开发使用教培领域"数字人民币预付式平台"，制定实施中小学人工智能教育工作方案，开展"双百"人工智能专家进校园等活动，深圳学生创客节参与量达到 15 万人次。

4. 将贯彻落实男女平等基本国策体现在教育工作全过程

坚持将男女平等基本国策落实到教育法规、政策和规划制定、执行中，落实到各级各类教育内容、教学过程中。加强对教材编制、课程设置、教学过程的性别平等评估。在师范类学院课程设置、教师继续教育课程设置中加入性别平等内容。全面开展大中小学性别平等教育，逐步推广到学前教育阶段。鼓励用人单位将性别平等理念融入员工培训。推动各级党校成为男女平等基本国策的宣传教育阵地。

女性学研究和人才培养得到加强。支持相关研究机构落户深圳，推动有条件的高校开设妇女研究和性别平等相关课程，培养具有跨学科知识基础和性别平等意识的专业人才。加大对性别平等和妇女理论研究的支持力度，加强跨学科研究，提高社科基金和研究项目中妇女或性别研究选题的立项比例，推动妇女事业科学发展。

保障女童平等接受基础教育的权利和机会。加大基础教育学位供给，保障女童平等享有接受优质学前教育、义务教育、高中教育的权利，确保符合条件的困境女童、随迁女童享有平等受教育的权利和机会。推动普通高中多样化发展，积极发展特色高中，满足女性全面发展和个性化发展需求。完善残障儿童教育体系建设，大力发展特殊儿童学前教育，全面普及残疾女童义务教育。

（三）妇女职业领导力全面提升

1. 保障女性平等接受职业教育的机会

建立和完善现代职业教育体系，培养复合型技术技能女性人才和能工巧匠、大国工匠。针对中高等职业院校面向高校女毕业生、女性来深建设者、失业女性、有再就业需求女性等重点人群，开展就业创业和职业技能培训。保持高校在校生中男女比例的均衡，采取激励措施，适当提高女性在科学、技术、工程、数学等学科学生中的比例。截至 2022 年，全市有职业院校 33 所，在校生 16.09 万人。其中，中职学校 19 所，在校生 4.18 万人；技工院校 11 所，在校生 4.69 万人；高职院校 3 所，在校生 7.22 万人。深圳职业技术学院、深圳信息职业技术学院双双入选中国特色高水平高职学校建设单位；全市中职学校中有国家示范校 5 所，省级以上重点校 10 所，广东省高水平中职学校建设单位 8 所。

2. 为女性建立了完善、开放、灵活的终身学习体系

为女性终身学习提供支持，建立了完善、开放、灵活的终身学习体系，拓宽学历教育渠道，满足女性多样化学习需求。探索国家和广东省终身教育"学分银行"落地机制，促进各级各类教育沟通衔接。增加教育资源供给，利用社区和在线教育，为女性来深建设者、失业女性、残疾女性、女性新市民等提供有针对性的教育培训。

3. 女性在各行各业表现突出

完善妇女参与决策和管理的体制机制。加大培训力度，提高各级领导干部、人大代表、政协委员贯彻落实男女平等基本国策的意识，增强其在参政议政中的性别平等意识。采取有效措施，提高各级党委、人大、政府、政协、党政工作部门以及企事业单位、基层群众自治组织和社会组织中的女性比例。开展女性领导干部政治素质和领导能力培训，培养女性的政治素养和

参与决策管理的意识和能力。在制定涉及男女平等和保障妇女合法权益的法规政策以及推动妇女参政议政时，充分听取妇联组织的意见和建议。

加大女性培养和选拔工作力度。将女干部培养选拔纳入各级领导班子和干部人才队伍建设总体规划。做好女干部储备工作，将女干部培训纳入深圳干部教育培训规划。优化女干部成长路径，为女干部参加教育培训、交流任职、挂职锻炼创造条件和机会，注重选拔女干部到重要部门、关键岗位担任领导职务。注重保持优秀年轻干部队伍中女干部的合理比例，逐步平衡女干部在不同层面、行业和部门之间的分布。保障妇女在干部录用、选拔、任（聘）用、晋升、退休等各环节不因性别受到歧视。

4. 女性参政议政能力和水平得到提高

落实人大代表选举规则和程序，在选区划分、代表名额分配、候选人推荐、选举等环节，保障妇女享有平等权利和机会。提名推荐、协商确定政协委员建议名单时，保障提名一定比例的妇女。加强对女人大代表、政协委员调研能力的培训，提高其参政议政能力。在立法和制定各项规划、政策时，充分听取女党员代表、女人大代表、女政协委员、妇女组织和妇女群众的意见。推动妇女有序参与基层社会治理。在两委换届工作中，通过提名确定女性候选人、女性委员专职专选、女性成员缺位增补等措施，提高居（村）委会成员、居（村）委会主任中的女性比例。推进社区妇女议事会实现全覆盖并有效运行，鼓励妇女积极参与居（村）民议事会、理事会等自治组织。促进新社会阶层、社会工作者和志愿者中的女性积极参与社会治理。支持引导妇女参加社会组织。加大对以女性为成员主体或以女性为主要从业人员的社会组织的培育力度，为其提供更多的资源渠道和更广阔的发展平台。

（四）妇女成为新时代家庭的建设者和倡导者

1. 妇女成为新时代家庭观的倡导者

加强教育引导、文化熏陶、实践养成，宣传尊老爱幼、男女平等、夫妻和睦、邻里团结等美德，传承中华民族优良家风、红色家风，践行社会主义核心价值观，营造平等、文明、和谐、稳定的家庭环境，引导妇女和家庭成员自觉把家庭梦融入中国梦。在这一过程中，女性的意义得到重构并被赋予新的时代内涵，从更多奉献、更多付出、更多牺牲转换到与家人共建共享家庭的美好。

2. 发挥家庭家教家风在基层社会治理中的重要作用

千家万户好，国家才能好，民族才能好。积极构建党委领导、政府主导、部门合作、家庭尽责、社会参与的家庭建设工作格局。将建设好家庭、实施好家教、弘扬好家风纳入基层社会治理体系以及基层社会治理评价考核内容。建设一批家教家风实践基地，推动家风宣教服务阵地的网络化、规范化和特色化发展。实施"家家幸福安康工程"，鼓励妇女带领家庭成员积极参与"文明家庭""最美家庭"等群众性精神文明建设活动，以好家风支撑起社会好风气。支持以社区为单位成立家庭议事会、家庭互助会等，推动"小家"融合成"大家"，构建社区治理共同体。

3. 形成学校、家庭、社会协同育人合力

统筹社会教育各类场地、设施和队伍等资源，丰富校外教育内容和形式，鼓励儿童积极参与各类实践活动。规范校外培训，切实减轻学生课外培训负担。提供高质量课后延时服务，切实减轻家长接送和辅导作业的负担。

推进实施《家庭教育促进法》，促进父母共同落实家庭教育主体责任，创造有利于未成年子女健康成长和发展的家庭环境。拓展网络新媒体指导服务平台，围绕家庭保健、科学育儿、青少年健康发展等方面开展教育培训活动，提高家庭成员生命健康质量、生活质量和发展质量。

始终把家庭、家长、儿童的需求作为社区家长学校建设的出发点和落脚点，以需求和问题为导向，注重解决家庭教育中的突出问题，鼓励社会力量参与，均衡配置资源，完善教育措施，创新家庭教育指导服务方式，为家庭、家长、儿童提供多元化针对性的指导服务，进一步健全协同育人的格局。

4. 促进婚姻家庭关系健康发展

开展恋爱、婚姻家庭观念教育，为适婚人群提供婚姻家庭生活的专业指导，搭建婚恋交友服务平台，推广婚姻登记、婚育健康宣传教育、婚姻家庭关系辅导等"一站式"服务。加强婚姻家庭专业辅导队伍建设，按照每5000个家庭配备不少于 1 名婚姻家庭领域社工的标准配备社工，或根据实际需求配备社工，积极开展家庭社会工作服务，对家庭关系进行专业辅导。在各区建立婚姻家庭纠纷人民调解委员会，在社区普遍建设婚姻家庭关系调解室。倡导构建男女平等、和睦、文明的婚姻家庭关系，降低婚姻家庭纠纷对妇女发展的不利影响。

二　经验与成就

（一）高站位，聚合政策，强化引领，先行示范

1. 坚持党的全面领导

高举中国特色社会主义伟大旗帜，以习近平新时代中国特色社会主义思想为指导，深入贯彻党的二十大精神，坚持党对儿童事业的全面领导，坚持以人民为中心的发展思想，坚持走中国特色社会主义妇儿发展道路，立足新发展阶段，完整、准确、全面贯彻新发展理念，构建新发展格局，按照建设粤港澳大湾区和中国特色社会主义先行示范区的要求，将妇女平等全面发展、儿童优先发展纳入深圳城市发展总体战略，持续优化妇女生存和发展的生态环境和社会环境，先行示范打造儿童友好城市，优化妇儿生存和发展环境，全面提升妇儿综合素质，促进妇儿全面发展，实现深圳妇女儿童教育事业更高质量发展，为实现第二个百年奋斗目标，建设中国特色社会主义先行示范区，创建社会主义现代化强国的城市范例奠定坚实的人才基础。

2. 健全思政教育体制机制

建立健全党委统一领导、党政齐抓共管、相关部门各负其责、全社会协同配合的思政教育工作新机制。将社会主义核心价值观教育、未成年人思想道德建设融入学校教育、社会实践及家庭教育全过程，构建"思政课程+课程思政"新格局。落实领导干部讲思政课制度体系。加强中外合作办学高校意识形态和思想政治教育工作。支持开展重大思政专项课题研究，为全市

思政教育改革提供决策咨询。"一校一案"落实《中小学德育工作指南》。充分发挥学校教育主阵地作用。出台《关于深化新时代深圳市学校思想政治教育改革创新的若干措施（2022—2025 年）》，编写出版深圳特色系列思政教材，遴选 42 节"思政金课"，探索新时代青少年学生思政教育新路径。

3. 顶层设计不断完善

市委、市政府出台了《深圳市妇女发展规划（2021—2030 年）》《深圳市儿童发展规划（2021—2030 年）》《关于推进教育高质量发展的意见》《关于加快高等教育发展的若干意见》《关于加快学位建设促进基础教育优质发展的实施意见》等系列文件，进一步明确深圳教育高质量发展的目标和路径。

出台多项儿童教育政策。出台《深圳市学生心理健康教育与服务体系建设方案（2022—2025）》《关于进一步加强大中小学劳动教育的实施意见》。印发《深圳市义务教育阶段学校减负提质实施方案》，义务教育学校全部开展课后服务，义务教育阶段学科类校外培训机构全部登记为非营利性机构，被教育部评为全国"双减"工作优秀案例。

4. 向世界贡献职教"深圳方案"

深圳职业教育传承特区改革开放的血脉，努力实现"走出去、引进来"，以开放促改革、促发展，努力培养具有全球视野和全球竞争力的人才。近年来，深圳加强职业教育国际平台建设，经联合国教科文组织同意，中国联合国教科文组织全国委员会秘书处批准，成立联合国教科文组织职业教育计划亚非研究与培训中心、联合国教科文组织职业教育创新中心，充分利用联合国教科文组织的国际组织体系，推动深圳职业教育教学标准"走出去"，向世界贡献职业教育的"深圳方案"。

（二）高标谋划，融合多项举措，释放智慧赋能

1. 各级各类教育迈向高质量发展

各区高分通过国家义务教育发展基本均衡区验收，创新教育、智慧教育成为基础教育新特色。5 所高校获教育部批准设立，4 所大学进入新一轮广

东省高水平大学建设计划，2所高职院校入选中国特色高水平高职学校建设单位。师资水平进一步提高，呈现出年轻化、学历高、职称高的特点。改革创新深入推进。深圳成为"教育部基础教育综合改革实验区""智慧教育示范区""基于教学改革、融合信息技术的新型教与学模式实验区""普通高中新课程新教材实施国家级示范区"。开展高水平中外合作办学等列入中央支持深圳先行示范区综合改革试点实施方案。

2. 职业教育示范发展

深圳市高度重视技能人才队伍建设，着力加强对女性技能人才的培养。截至2022年底，深圳技能人才总量400.78万人。总体而言，深圳市技能人才呈现量多质高的特点，总量约占就业人口的1/3；高技能人才占技能人才的比例为36.69%，高出全省2.6个百分点、全国5个百分点。从技术等级分类看，其中初级工有132.23万人，同比下降10.79%；中级工有121.52万人，同比增长13.46%；高级工及以上有147.03万人，同比增长2.09%。从性别看，男性占60.23%，241.4万人；女性占39.77%，159.38万人。[1]

3. 智慧赋能，探索云端学校

举办深圳市云端学校是深圳市教育局探索教育教学方式变革，探索智能时代基础教育优质均衡发展新路径的创新举措，是深圳建设"教育部基础教育综合改革实验区""基于教学改革、融合信息技术的新型教与学模式实验区""智慧教育示范区"的核心内容，是《深圳市教育发展"十四五"规划》的重点工程。2022年，云端学校改革实践入选教育部智慧教育优秀案例。云端学校以自身为总部校区，打破传统学校有形边界和物理空间，带动遍布全市各区的13所入驻学校，形成"总部校区+N所入驻学校"的共同体学校新形态，依托现代信息技术开展跨校治理的实践探索，改变了学校组织的传统模式。改革试点当前已覆盖13所入驻学校的初一和初二年级，共2600名学生，试点学科包括语文、数学、英语、历史、道法、物理、劳

---

[1] 人力资源和社会保障部：《2022年深圳市人力资源和社会保障基本情况调查》，据抽样调查数据推算。

动、体育等。云端学校已形成"常态化、全学科、多主讲、直播互动+智能辅助"的云端"主讲+辅讲"双师教学新模式，开创"知名专家深度参与、市区教研员驻点指导、市区名师牵头"的嵌入式同研同培教研模式。主讲教师和辅讲教师针对每一节云端课开展教学设计，通过线上线下相结合的方式与教研员、学科专家开展教研活动，充分发挥集体智慧和"长板效应"，打磨出优质高效的云端课堂。

（三）高效落实，整合多方资源，增进妇儿福祉

1. 联合推动科创教育机制创新

联合中国科学技术馆、市科协、企业、高校等，共同推进"馆校合作深圳科学教育基地"建设项目、科普教育学分制项目、人工智能教育项目等的实施，形成由教育、科创、科协、文体、共青团等部门共同参与的中小学科技创新教育工作统筹培养机制。

深圳多校联合探索集团生态化治理，扩大优质学位资源。深圳高级中学集团包括七大校区10所学校，覆盖小初高三个办学层次，跨越五个行政区；为解决各校区间发展基础差异大、空间跨度大等问题，在集团内部建立起协商性共生合作的双向"治事理人"机制，并提出"从中心式集团到分布式集团"的办学模式，以分布式决策治理机制替代中心化决策管理机制。

2. 深度探索人才培养大中衔接途径

与清华大学"清华学堂钱学森力学班"联合创办的深圳零一学院，通过"零一联盟中学"的方式让"零一导学课程"在深圳的中学落地，对有发展潜质的学生进行学术志趣引领和潜能开发，逐步打通基础教育与高等教育壁垒，形成创新人才培养的全新机制。

3. 职业教育创造"深圳标杆"

围绕服务产业发展，积极打造职业教育高质量发展的"深圳标杆"。市委、市政府出台《关于加快推动现代职业教育高质量发展的实施意见》，《深圳经济特区职业教育条例》经市人大常委会审议通过，为全市职业教育高质量发展提供了坚强制度保障。深圳职业技术学院升级为深圳职业技术大

学，成为国内首所办学层次由专科升级为本科的公办高职院校。深圳市域产教联合体获评首批国家市域产教联合体，深圳技师学院获批建设高等职业学校，东、西部两个职业教育集团建设深入推进。全市职业学校在全国第二届职业技能大赛中荣获4枚金牌、29项一等奖，数量居全国、全省前列。

4.中小学特殊教育建设成效显著

深圳市自上而下建立了"市—区—校"三级随班就读工作保障体系。2022年全市有广东省随班就读示范区建设项目2个，资源教室建设与管理项目1项，随班就读示范校（园）建设项目16个。在特殊教育资源教师队伍配备方面，配齐配足专兼职资源教师。如南山区和宝安区通过特殊教育资源中心统一招聘、培训和管理资源教师；福田区采取购买服务的方式；光明区落实了按师生比1∶5的标准配置资源教师等。各区不同的措施保障了特教工作的有序开展。在特殊教育资源教师专业发展方面有以下几方面措施。一是完善资源教师培训制度，开展融合教育培训和资源教师提升班的培训等工作。二是为青年融合教师提供展示平台，2022年举办市级三期培训班，邀请专家、各区代表在资源教师专业发展、资源教室建设与运用、课程开发与建设、教学调整等领域开展专题交流。三是以研促教树立典型，共推融合教育高质量发展。如福田区、龙华区和宝安区联合开展优质资源共享、资源教室建设等专题联合教研活动；宝安区坚持主题式教研活动。深圳市各区教师在广东省融合教育优质资源评选中获奖18项，在广东省特殊教育数字资源征集活动中贡献10项优质资源。在特殊教育资源课程建设方面有以下几方面措施。一是创设课程类别内容，深化课程改革。目前，基本每间资源教室都有基于自身特点的课程设置方案，在课程理念、设计思路、课程目标、课程内容、课程实施、课程评价和课程资源等方面完成了整体架构。二是综合多种教学方式，促进学生发展。资源教室教学既是课程实施的重要途径，也是促进学生发展的重要方式。根据随班就读学生需要的支持程度等因素，全市资源教室的教学方式分为个别辅导、小组支持和集体学习三种形式。在融合宣导与共建家校共育新生态方面有以下做法。一是拓宽家校共育新场域。2022年各资源教室组织全校性融合教育理念宣导活动200余场。如福田区教科院第二附属小学资源教室为学校"幼小衔接"活动中家长入校的"首站"，让家长在第一时间感受到学校的办学理念。二是构建家校共育新生态。全市各中小学特殊教育资源教室重视融合教育课程开发，在 2023 年广东省优质融合教育课程征集活动中，深圳市共有 13 节优质融合教育课例获奖，凸显了深圳市资源教室开发融合教育课程的效果。龙华区开发的"融合教育宣导课程"以"融合教育 108 问"的形式，将学校教师、学生家长共同纳入宣导课程中，构建起"学校引领，家庭支持"的家校共育新生态。

三　问题与挑战

（一）女性职业技术培训程度亟待提升

2022 年，全市年末常住人口为 1766.18 万人。其中，常住户籍人口为 583.47 万人，占常住人口的 33.04%；常住非户籍人口有 1182.71 万人，占比为 66.96%。其中男性有 971.40 万人，占全市人口的 55.00%；女性有 794.78 万人，占全市人口的 45.00%。深圳就业人口有 1249.26 万人，其中女性就业人数约为 517 万人，占就业人口的 41.38%，可以判断女性整体就业率低于男性。[①]

女性接受中等职业教育的人数低于男性。根据 2021 年统计数据，深圳市中等职业教育在校学生有 8.61 万人，其中男性有 5.05 万人，占 58.65%；女性有 3.56 万人，占 41.35%；深圳市高等职业教育在校学生有 5.95 万人，其中男性有 2.86 万人，占 48.07%；女性有 3.09 万人，占 51.93%。[②] 可以看出，中等职业教育中男性占比高于女性，而高等职业教育中女性占比高于男性。说明社会整体上对男女平等教育的落实还是有一定差距的。

[①] 据《深圳市 2022 年国民经济和社会发展统计公报》整理。

[②] 深圳市统计局、深圳市妇女儿童工作委员会、深圳市性别平等促进办公室：《2021 年深圳市社会性别统计报告》。

（二）特殊教育体系需要进一步完善

1. 特殊教育资源教师质量评价制度需要不断完善

深圳市逐步完善了资源教室建设与运作的相关制度，但是在资源教育运作及随班就读教育教学评价等方面需要进一步完善；普通学校在开展随班就读工作中的主体责任意识有待加强，需进一步完善督导评价机制；随班就读对象范围亟须扩大，经费及相关工作人员还需进一步保障。

2. 特殊教育资源教师队伍需要进一步充实，专业技能有待提升

目前资源教师队伍包含各学校分管副校长、中层人员、班主任、任课教师、心理教师及资源教师，缺乏康复师等其他专业学科的人才，需要进一步补充。此外，由于大部分资源教师均为新入职教师或其他学科教师兼任，其特殊教育专业知识、融合教育咨询经验、家校沟通经验等缺乏，还需要进一步加强对其的技能培训。

3. 课程教学有待进一步改善

全市资源教室课程设置与教学实施已经积累了一定的经验，基本形成了初具特点的资源教室课程方案和基本符合随班就读学生需要的教学方式。但同时，资源教室的课程设置与教学设施明显表现出随意性强、体系性弱、理论性差等特点，所以资源教室课程的教学规范性、体系性及理论性还有待加强。

（三）家庭教育的能力和水平有待提高

深圳市流动人口多、年轻人多，平均家庭人口仅 2.25 人，低于北上广等一线城市，家庭规模小型化、结构核心化等特征明显，这也塑造着深圳的家庭关系与家庭功能，影响着家庭教育的能力和水平。

1. 家庭教育观念落后。一些父母育人观念陈旧，将注意力放在知识传授上，把应试与升学作为教育的出发点和归宿，忽视了对子女兴趣、理想、性格等非智力因素的培养，对孩子的态度由"望子成龙""盼女成凤"逐渐演变为"逼子成龙""逼女成凤"。还有一些家长把教子成才仅仅与孩子个人前途、家庭荣誉、幸福联系在一起，为国教子的观念不强，为社会育才的意识淡薄。

2. 家庭教育内容片面。一是重智力教育，轻德育培养。目前，很多家长把孩子的智力教育放在了家庭教育的第一位，把孩子的成绩放在第一位。很多家长为了能让孩子取得好成绩，考名校，不惜花大量的钱为孩子买辅导书、配电脑、请家教等，而在孩子的德育培养上却不舍得花钱、费心思。二是重知识学习，轻实践锻炼。有的家长不惜花大量精力来抓孩子的学习成绩，给孩子布置大量的课外作业，请家教，送孩子上各种各样的培训班，却限制孩子的交友、参加社会实践等活动。这种做法导致孩子们缺乏独立性和自主性。

3. 家庭教育方式不得当。目前不科学的教育方法主要有娇宠教育型、专制教育型、放任教育型和"狼性"教育型，这些教育方式都可能导致孩子的身心健康受到影响。部分家长在养育孩子过程中，并没有对孩子的成长尽职尽责。家长对孩子的陪伴不足，导致家校合作难以发挥作用。

4. 家长忽视自我成长。在很多家庭中，孩子和父母的关系紧张是因为父母自身停止了成长。很多父母既没有学习的意识也没有学习的意愿，久而久之，学习的能力就退化了。很多父母会对孩子抱有很高的期望，然而，过高的期望可能会给孩子带来负面影响，进而让孩子产生焦虑。过高的期望总是伴随着压力和控制，孩子可能会被迫放弃自己的兴趣和爱好，去走父母认为合适的道路。这会阻碍孩子的个性发展和自我实现，导致家庭教育的失败。

四　展望新征程

（一）以习近平新时代中国特色社会主义思想为根本遵循，创造妇儿教育新高度

未来，深圳将继续深入学习贯彻习近平总书记关于妇儿工作的重要指示、重要论述，以全面落实好第七次全国妇女儿童工作会议精神为契机，以高质量实施好妇女、儿童发展纲要为抓手，深入贯彻男女平等基本国策，坚

持儿童优先原则，不断完善妇儿权益保障法律法规，积极支持广大妇女建功立业，优化儿童茁壮成长良好环境，落实深圳高质量发展的行动，推动妇儿权益更有保障、人生更加出彩、生活更加幸福。

（二）以实现妇儿均衡充分发展为根本任务，写就妇儿教育发展新篇章

全面深入推进基础教育优质均衡发展。一要继续实施年度规模学校建设计划，进一步加大中小学、幼儿园学位建设力度，完成100万个学位建设目标。二要深入推进基础教育集团化办学，稳步推进"大学区制"改革，组建更多优质教育集团。三要强化民办中小学规范办学监管，有序分类管理改革。加快推进区级特殊教育学校达标建设和特殊教育资源中心建设。四要深入推进体教融合，力争全市大中小学生体质健康优良率超过70%。推进体卫教深度融合，探索建立"小胖墩、小眼镜"防治长效机制。五要完善学生心理健康教育、服务和应急处置机制。六要完善劳动教育体系，打造市、区、校劳动教育品牌。七要整合全市创新资源，深入推进科创教育。

全面提升特殊教育质量和随班就读质量。一要全面完善顶层设计，解决随班就读的瓶颈问题，提升随班就读质量。不断完善随班就读资源教室评价机制、教育教学指南、随班就读学校校长考核机制等，落实普通学校随班就读工作。二要加强师资队伍建设，引进融合教育名师。完善融合教师队伍培训培养机制，创建资源教师的统筹管理模式，提高教师的胜任能力。通过引进融合名师，提升融合教师的专业能力。三要开展课程视导，推动普通教育学校优化融合教育宣导，提高教师的专业水平。将融合教育宣导纳入教育行政部门常态化督导，不断提升特殊教育融合的服务质量。

（三）以实现妇女新担当新作为为根本目标，塑造新时代妇女发展新形象

大力实施"巾帼创业就业助力行动"，邀请女企业家为广大妇女提供免费咨询和就业创业规划，组织新区妇女积极参加"省级妇女创新创业大赛"

等技能竞赛，培育挖掘一批农业女经纪人、巧手骨干、巾帼家政经纪人。多措并举促进妇女就业，联合各区组织、民政社保、工会等部门举办招聘会等。聚焦优势产业发展，扶持、打造全国、省级"巾帼示范基地""巾帼就业创业示范基地"等。

坚定不移实施人才优先发展战略，加快女性技能人才政策系统性优化调整，充分发挥女性技能人才在大力发展新兴产业、做大做强优势产业、加快培育时尚创意产业、打造创新驱动型未来都市产业体系中的重大支撑作用，着力培育发展新动能，持续提升经济发展质量和效益，以深圳市技能领军人才培养引进为引领，以全面提升深圳市女性技能人才队伍素质为基础，优化调整女性技能人才结构，加快建设高水平女性技能人才培训载体，构建"训—赛—奖—用"循环格局，建设深圳市世界一流的女性技能人才队伍，为打造"湾区枢纽、万象深圳"提供坚实技能基础。

1. 多措并举加强女性技能培训

将贯彻落实男女平等基本国策体现在技能培训工作全过程，在法规政策和规划制定、执行中，以及各级各类培训内容、培训过程中，都要加强对培训教材编制、课程设置、教学过程的性别平等评估，鼓励用人单位将性别平等理念融入员工日常培训中。同时，保障女性平等接受职业教育，建立和完善现代职业教育体系，培养复合型技术技能女性人才。支持中高等职业院校面向高校女毕业生、女性来深建设者、失业女性、有再就业需求女性等重点人群，开展就业创业和职业技能培训。

一要在实施深圳市工匠培育工程中注重女性培养。建立深圳市工匠人才储备库时也要注重女性，根据人才的层次分梯级建立，针对不同层次的女性技能人才侧重不同内容的培训。二要在现代服务业中注重女性的培养。可建设跨企业培训中心，采取双元制培训的方法，解决中小企业员工的技能提升培训问题，为中小企业的高质量发展贡献力量。跨企业培训中心可以由行业龙头企业牵头，实施商业化运作，适应女性特点，紧跟行业企业技术前沿；或由政府投资建设公共实训中心，以便加强统筹协调，增强运营效益。三要加大补贴力度，注重对高校女毕业生、女性来深建设者、失业女性、有再就业需求女性等重点人群的培训。

2. 加强对女性技能人才的引进使用

加强女性技能人才引进、使用引导方面的研究和男女平等国策的贯彻落实，同时加大对性别平等和妇女理论研究的支持力度，提高女性人才引进的补贴力度。

一要实施柔性引才机制，注重男女平等。围绕深圳市支柱产业、新兴产业、特色产业及重点项目、重大工程建设需要，柔性引进深圳市企事业单位急需的高端技能人才、技能领军人才。二要加强对技能人才引进紧缺工种的公布，注意适合女性的特色岗位。每年公布技能人才引进工种目录前，提前做好技能人才紧缺工种的全面调研工作，以确保技能人才引进与行业企业需求的无缝及时对接，注意适合女性的特色岗位的比例。三要加大女性人才引进补贴。尤其是高层次女性技能人才，在岗位补贴方面可进一步加大力度，就子女入校、生育保险等方面给予统筹考虑，减少高层次女性技能人才来深的后顾之忧。

3. 强化女性技能继续教育

为女性终身学习提供支持，建立完善开放灵活的终身学习体系，拓宽学历教育渠道，满足女性多样化学习需求。增加教育资源供给，利用社区和在线教育，为女性来深建设者、失业女性、残障女性、女性新市民等提供有针对性的继续教育服务。

一要专门设立女性技能人才政策传播奖励资金。二要通过竞赛等方式促进女性的继续教育。将女性继续教育和职业技能竞赛结合起来，提高女性参与继续教育的积极性。三要通过奖励政策大力提高女性素质。鼓励女性员工积极参与项目设计、创新创业、科技竞赛等活动，在实践中培养科学精神和创新能力。

（四）以构建和谐社会为根本价值取向，增强妇儿幸福感获得感

家庭是基层社会治理的重要一环，家庭参与可以让基层社会治理更有效、更可持续。在社会转型加速、家庭功能分化、利益诉求多元等新形势

下，只有坚持问题导向、需求导向，充分发挥根植基层、贴近群众、联动各方的优势，才能积极探索出城市社会治理的"家路径"。

1. 加强对困难群体、困难家庭的关爱帮扶

哪里妇儿家庭集中，就要把服务送到哪里。为更好满足新时期家庭发展的新需求，要牢牢掌握"三张清单"，为群众排忧解难：通过系统发现、执委联系、摸排调研等渠道掌握群众的"问题需求清单"；通过部门资源整合，跨部门协同掌握"民生服务清单"；掌握各类基金会、社会组织、爱心企业力量的"社会资源清单"。要用好用活"三张清单"，加强对困难群体、困难家庭的关爱帮扶，切实把惠民生、暖民心、顺民意的工作做到群众心坎上。

要充分调动社会多元力量，使其协同参与基层社会治理。围绕民生关切的问题，引导社会力量"揭榜答题"，以"小切口"解决"大问题"，如实施重症儿童家庭关爱"能量计划"、城中村儿童"阳光小书房"空间改造计划、流动儿童安全"蓝芽计划"等。通过一批关注妇儿家庭的品牌项目，解决群众的急难事、麻烦事。

2. 夯实四级家庭教育指导服务体系

近年来，"三孩""双减"等政策的出台，对家庭教育提出了更高要求，为消除学校、家庭、社会育人链条"断档""脱节"现象，破解当前家庭教育供需矛盾问题，需要着力完善市、区、街道、社区四级家庭教育指导服务体系，编制《家庭教育指导服务站（点）建设指引》，推进社区家长学校示范点建设，将每个街道建立一支家庭教育公益服务队伍纳入市政府民生实事，让优质家庭教育服务推门可见、社区可感、家家参与。

3. 完善学校、家庭、社会育人全链条

大力宣传并贯彻落实《中华人民共和国家庭教育促进法》，联合相关部门发布"校家社协同育人十大行动"，成立家庭教育研究院，举办"好家成长计"家庭教育成长论坛，实施家庭教育人才队伍建设"领航计划"，开通"鹏城家长课堂"在线学习小程序，加大优质公共服务供给，努力完善学校、家庭、社会育人全链条，促进儿童茁壮成长。

在全面建设社会主义现代化国家的新征程上，深圳市将以更加坚定的决心、更加务实的举措，持续深化妇儿教育改革，推动妇儿教育事业更高水平发展。通过不断优化教育资源配置，创新教育模式与手段，有效改善妇儿教育发展中的不均衡等问题，促进每一位女性与儿童的全面成长与发展。积极构建开放合作的妇儿教育生态体系，共同探索妇儿教育新路径，打造具有国际影响力的妇儿教育高地。

家庭教育篇

深圳城市治理"家"路径探索

刘　蕾*

摘　要： 根据习近平总书记视察深圳时提出的"加快推动城市治理体系和治理能力现代化，努力走出一条符合超大型城市特点和规律的治理新路子"①的要求，本文立足特区实际强化"家视角"，建议应进一步加强思想引领和工作统筹，构建并完善发展型的家庭政策体系，努力探索超大型城市社会治理的"家"路径。要推动深圳加强家庭家教家风建设，从"小切口"解决好家庭急难愁盼问题，引导家庭积极有序参与基层社会治理，推动家庭建设全面融入社会治理格局。

关键词： 城市治理　家视角　深圳特色

千家万户都好，国家才能好，民族才能好。党的二十大首次将"加强

---

* 刘蕾，深圳市文化广电旅游体育局党组书记、局长，曾任深圳市妇女联合会党组书记、主席。

① 习近平：《论把握新发展阶段、贯彻新发展理念、构建新发展格局》，中央文献出版社，2021，第412页。

家庭家教家风建设"写进报告,[①] 为推进新时代家庭家教家风工作指明了前进方向。当前,深圳正抢抓"双区"驱动、"双区"叠加、"双改"示范的新发展机遇,致力于推动城市治理体系和治理能力现代化。在此过程中,如何更好地发挥群团组织作用,探索创新社会治理的"家"路径?本文通过文献查阅、问卷调查、视频会议等线上线下相结合的形式开展调研,并就创新深圳社会治理"家"路径提出了系统的思路和建议。

一 城市社会治理创新亟须夯实家庭基础

深圳是一座年轻的移民城市。深圳市第七次全国人口普查公报显示,截至 2022 年底,全市常住人口为 1766.18 万人,10 年间人口总数增加 713.60 万人(增长 67.80%),流动人口增加 421.70 万人(增长 51.29%)。全市常住人口平均年龄为 32.5 岁,平均初婚年龄为 30.8 岁,全市共有 642.50 万户家庭,平均家庭户人口为 2.25 人。[②] 新时期,经济社会加速变革,给家庭发展带来影响,也给社会治理带来现实问题和挑战。

(一)现代社会加速变革给家庭发展带来影响

深圳作为一座充满魅力、动力、活力、创新力的国际化创新型城市,城市人口流动性大,工作节奏快,生活成本较高,家庭建设和妇女儿童发展也遇到一些新情况新问题。

1. 家庭规模小型化,对社会依存度高,抗风险能力差

深圳市第七次人口普查数据统计,与"六普"相比,0~14 岁人口增长5.14%,15~59 岁人口下降 7.50%,60 岁及以上人口增长 2.36%,呈现"两头增加、中间减少"态势。与此同时,受到两孩政策红利影响,深圳家庭户均人数为 2.25 人,相比"六普"(2.12 人/户)有所增加,但仍低于全

---

① 习近平:《高举中国特色社会主义伟大旗帜 为全面建设社会主义现代化国家而团结奋斗——在中国共产党第二十次全国代表大会上的报告》,人民出版社,2022,第44页。
② 数据来源为《深圳市第七次全国人口普查公报》。

国平均水平和北京、上海等一线城市（全国为2.62人/户，北京为2.31人/户，上海为2.32人/户），家庭规模小型化特征突出，在家务劳作、养老抚幼等内部家庭事务上越来越需要外部社会支持。① 据58同城《2019年中国家政市场就业及消费报告》统计，深圳家政行业平均月薪为8875元，排名全国第一。与此对应的是，2019年深圳工资中位值仅为5826元/月，平均值为7361元/月。家务劳动社会化为家庭提供便利的同时，也使家庭承担较大经济压力。家庭小型化导致家庭生活的社会依存度高，又因未获得足够的政策支持与社会保障，家庭抗风险能力较差，在一定程度上影响城市人口组建家庭、生育子女的意愿。"六普"数据统计中，结离比为（结婚对数与离婚对数之比）为4.77%，"七普"中这一比率降至1.71%。

2. 家庭不稳定性因素增多，容易引发家庭社会问题

随着经济社会的快速发展，自由主义、消费主义等各类社会思潮广泛渗透到人际交往、习惯养成和文化传承等领域，在一定程度上改变了传统的婚姻家庭观念，重塑了家庭关系与家庭功能。深圳流动人口占2/3以上，家庭流动性大、社会竞争压力加大等因素对婚姻家庭关系和青少年成长造成影响。市妇联《深圳市社会性别统计报告》显示，2016年深圳市婚姻家庭纠纷调解96例，到2020年这一数据攀升至2432例；离婚登记数量也从2.49万对升至3.95万对。

3. 家庭迁移分居，造成家风代际传递减弱

相关数据显示，中国迁居家庭中，一次性举家迁居到城市的比例仅为17.48%②，多数家庭采取分批迁居。这一现象在流动人口占2/3以上的深圳，更为普遍、更为典型。家庭成员之间长时间分离分批迁居，导致家庭缺乏宗族支撑、代际传承，血缘、亲缘、地缘的淡化或消失，影响了家庭关系的维系和家庭教育的有效开展。

---

① 数据来源为《深圳市第七次全国人口普查公报》。
② 盛亦男：《中国的家庭化迁居模式》，《人口研究》2014年第3期。

（二）亟待构建完善家庭发展型公共政策体系

近年来，深圳市妇联积极推动将家庭建设纳入文明城市创建等工作，通过制定妇女儿童发展规划、推动制定反家暴条例、建设家教家风阵地等，努力构筑务实高效的妇女儿童工作体系。然而，随着家庭发展需求的多元化和群众对美好生活期待的提高，家庭公共政策供给已不能充分满足需要。主要表现在四个方面。

1.家庭工作有待进一步加强统筹

市妇联下属的市婚姻家庭服务中心，主要负责统筹全市的婚姻家庭相关事务，含婚恋交友、家政服务等职能，2006年因改革划转归市投资控股有限公司，相关职能随即转移分散到其他部门和社会机构。当前，我市仅在市妇联设立了家庭和儿童工作部、市卫生健康委设立了家庭发展和妇幼健康处，家庭工作缺乏市层面的统筹领导工作机制和业务主管部门，在信息共享、资源整合等方面仍存在困难。以生育支持政策为例，尽管已实施"三孩"新政，但托幼、入户、入学等相关配套衔接政策尚未完善，在一定程度上使家庭陷入"想生不敢生"的困局。

2.现有政策缺乏对家庭影响的考量评估

各部门在出台相关政策法规时，多从自身职责定位出发，缺乏以家庭整体视角的考量和评估，导致政策缺乏衔接性，甚至对家庭和社会产生不良影响。以限购政策为例，从2010年深圳出台房地产限购政策开始，为买房而假离婚的现象增多。2019年11月深圳出台"取消豪宅税"政策，12月出现明显的离婚潮，离婚量为3632+27（涉外）对，同比上涨约64%。类似的逐利行为给会风气带来不良影响。部分家庭更从"假离婚"演变成真离婚，导致出现一系列问题。该类现象背后，反映出公共政策家庭视角的缺失，造成的社会影响令人深思。此外，当前的家庭政策还有以补缺为主的特征，比较集中关注残疾、低保等边缘弱势家庭，对一般家庭的预防性、发展性、支持性的体系化政策还有待健全和完善。

3.家庭公共服务存在供需矛盾

随着人口老龄化、家庭小型化趋势越发明显，养老托育等公共服务供需矛盾更为突出，基础设施不够、家庭服务业有待规范、专业人才欠缺等问题仍然存在，家庭公共服务的普惠化、专业化、智能化水平有待提高。以托育需求为例，2021 年深圳市托育机构共有 423 家，可提供托位 1.8 万个，每千人拥有 1 个 3 岁以下婴幼儿托位。按照测算，要达到国家"十四五"规划千人托位数 4.5 个的目标，深圳到 2025 年要提供约 8.5 万个托位，缺口达 6.7 万个。

4.家庭参与基层社会治理深度不够

从参与意愿来看，2/3 的流动人口身处移民城市，社区家园意识较弱，缺少联系互动，参与社会治理的主观能动性不高。从参与能力来看，人们在参政议政、资源整合、有效沟通等方面欠缺专业素养和丰富经验。从参与渠道来看，以家庭为单位推动基层社会治理的机制和平台较为欠缺，人们主要通过志愿服务的途径参与，在公共政策制定和评估等事务上的话语权较弱。

二 深圳城市治理"家"路径探索

家庭是社会治理的基石。习近平总书记指出："家庭和睦则社会安定，家庭幸福则社会祥和，家庭文明则社会文明。"[①] 家庭的思想政治功能在塑造价值体系、凝聚社会共识、维护社会稳定上发挥了独特而重要的作用；家庭的经济功能可以积极拉动生产消费，推动社会生产力快速发展；家庭的生育抚育等社会功能，是维系种族繁衍的保障，也是可持续发展的关键。新时期，深圳应高度重视家庭在社会治理中的独特作用，以家庭教育作为社会治理依托的重要途径，将家风建设作为社会治理依托的重要精神力量，促进自治、法治、德治在基层社会治理的深度融合，为探索超大型城市社会治理的"家"路径作出深圳示范。

---

① 《习近平著作选读》第 1 卷，人民出版社，2023，第 545 页。

（一）强化思想引领，推动全社会注重家庭家教家风建设

习近平总书记指出，要"把自己联系的群众最广泛最紧密地团结在党的周围"。① 妇联作为党联系广大妇女群众的桥梁和纽带，要坚决贯彻习近平总书记"注重发挥妇女在社会生活和家庭生活中的独特作用"② 的要求，为党的事业不断深化家庭家教家风建设。一是以社会主义核心价值观为统领，全面加强党员和领导干部的家风建设，把广东省第十三次党代会关于"加强新时代廉洁文化和家庭家教家风建设"的要求落实到位，通过弘扬"廉圳"家风，推动党风政风、民风社风进一步转变；二是充分发挥"文明家庭""最美家庭"等先进典型的示范引领作用，加强文明创建成果的运用，出台城市文明礼遇措施，引导全社会尊崇先进家庭、争当先进家庭，让新时代家庭观成为社会治理的文明底色；三是紧紧围绕立德树人根本任务，加强未成年人思想道德教育，传承家庭文明、强化家国识、厚植家国情怀，培养堪当民族复兴重任的时代新人。

（二）促进家庭建设，完善发展型的家庭政策

按照习近平总书记的要求，为"努力使千千万万个家庭成为国家发展、民族进步、社会和谐的重要基点"③，需要夯实基础、源头推动，着力构建有利于家庭发展的工作机制和政策体系。一是坚持"基点论"，强化家庭工作统筹。在城市发展的总体性思路和制度设计中，全局考虑家庭工作各阶段、各要素的关系，成立由市委牵头的家庭工作领导小组或专门家庭政策机构，负责统筹协调家庭政策的制定、实施、监督检查以及家庭事务的管理和服务，或在原有的妇女儿童工作委员会等议事协调机构增加相关职能，推动

---

① 《习近平谈治国理政》第 2 卷，外文出版社，2017，第 308 页。
② 中共中央党史和文献研究院编《习近平关于社会主义精神文明建设论述摘编》，中央文献出版社，2022，第 272 页。
③ 中共中央党史和文献研究院编《习近平关于注重家庭家教家风建设论述摘编》，中央文献出版社，2021，第 3 页。

家庭建设全面融入社会治理格局。二是强化"家视角"，完善家庭公共政策。构建完善支持性和系统性的家庭政策体系，推动教育、医疗、就业、住房、社会保障等政策对象基础从家庭成员个体视角转向家庭整体视角，持续释放新生育政策红利，加大生育、养育、教育和养老投入，探索创新生育养育、普惠性托育和养老、女职工休假期间权益保障等制度机制。加强部门衔接与配合。深化家庭领域研究，建立新型智库，在市妇联前期家庭发展能力评价体系研究基础上，以促进家庭功能完善为切入点，推动相关部门完善家庭政策，充分回应新时期广大妇女和家庭发展的新需求、新问题。三是促进"家发展"，先行示范推进儿童友好城市建设。儿童是家庭和社会发展的最大公约数。近年来深圳在全国率先系统性建设儿童友好城市，目前已纳入国家"十四五"规划，为全国作出了先行示范。要坚持幼有善育，全域推进儿童友好城市建设，构建完善儿童友好制度体系、儿童友好空间体系、儿童友好服务体系和儿童友好参与体系，立足社区和家庭大力倡导儿童友好理念，推进实施儿童友好街区等重大项目，为儿童成长营造良好氛围。

（三）支持家庭发展，完善公共服务体系建设

习近平总书记指出，"没有千千万万家庭幸福美满，就没有国家繁荣发展"。[①] 扎实推进家庭发展，要坚持"小切口大变化"，解决好家庭急难愁盼问题，在推动高质量发展中创造家庭幸福美满的高品质生活。一是坚持底线思维，以暖心精细服务防范家庭风险。一方面，完善覆盖家庭全成员、生命全周期、生活全方位的家庭公共服务体系，找准养老、抚幼、教育等"小切口"，整合"民生微实事""福彩公益金"等专项基金和社会资源，增加优质家庭公共服务供给。另一方面，着力解决当前家庭在心理健康、家庭教育方面存在的突出问题，深化覆盖家庭全员的心理健康和生命关怀服务，依法设立各级家庭教育指导机构，健全家校社协同育人模式，加强对困境、涉

---

① 中共中央党史和文献研究院编《习近平关于社会主义精神文明建设论述摘编》，中央文献出版社，2022，第284页。

案、失管等未成年人家庭的心理健康和家庭教育指导。二是坚持发展思维，创新服务方式，赋能家庭。一方面，以数智化手段赋能家庭建设，依托智慧治理系统，加强家庭风险识别、上报、处置、反馈、监督全流程闭合管理，提升关爱帮扶、纠纷调解、心理健康服务能力水平，提升家庭的安全感。另一方面，统筹引领家庭服务业发展，出台激励措施，规范家政、托育等行业经营、服务和消费行为，以规范化、社会化的家庭服务，助推家庭高品质生活。

（四）坚持共治共享，引导家庭积极有序参与基层社会治理

推动家庭家教家风在基层社会治理中发挥重要作用，鼓励和引导家庭全成员履行社会责任和参与家庭事务管理。一是强化基层党建引领，推动将"建设好家庭、实施好家教、弘扬好家风"纳入基层社会治理体系以及基层社会治理评价考核内容，团结凝聚广大妇女和家庭参与疫情防控等群防群治工作当中，在共治中彰显作为。二是发挥先进家庭示范引领作用，培养先进家庭的社会角色，吸纳先进家庭代表成为"两代表一委员"，为其参政议政、议事决策提供平台。支持以社区小区为单位成立家庭议事会、家庭互助会和志愿服务队，增强社区居民黏性，引导更多家庭从"小家"融入"大家"。三是以家文化为纽带，充分利用粤港澳大湾区文化同源、人缘相亲、民俗相近、资源互补的优势，搭建粤港澳大湾区"友好家庭"交流平台，加强学童和家庭服务，持续开展深港澳儿童友好交流活动，涵养同宗同源的家国情怀。

深圳宝安区家庭教育指导公共服务体系建设报告

陈梅胜　钟文婷*

摘　要：　本文通过问卷调查、专项报表、查阅分析资料等方式围绕宝安区家庭教育指导公共服务的家长需求和政府供给端开展现状调查，了解宝安区居民家庭教育指导公共服务需求，以及相关职能单位服务供给状况。梳理出宝安区家庭教育指导公共服务体系建设存在的问题：各部门缺少定期沟通机制、资料共享不及时、典型困境儿童家庭教育帮扶机制尚待完善、社区家长学校服务功能弱、学校家庭教育指导服务单一、家庭教育指导服务尚未进入政府购买服务目录等。提出了加强部门联动、建立部门间常态化信息沟通和资源共享机制、建立典型困境儿童家庭教育帮扶机制、做实做细社区家长学校服务、丰富家庭教育公共服务产品、将家庭教育指导公共服务建设纳入财政预算等政策建议。

关键词：　家庭教育指导公共服务体系　家庭教育　家长学校

　　家庭教育指导公共服务体系是以提升家长教育素质、改善家长教育行为、提高家庭教育质量、促进未成年人健康发展为目的，以政府为主导，以公共服务阵地和公共财政为基础，以专业技术为支撑，面向家庭提供指导和服务的一个系统。该系统的主要组成部分涵盖学校的家长学校、社区

---

　*　陈梅胜，深圳市宝安区妇女儿童服务中心家庭工作部部长，中学高级教师；钟文婷，深圳市宝安区尚德社会工作服务社初级督导，社会工作师。

家长学校、青少年中心、妇儿中心等公共服务机构，以及商业机构、社会组织等。

一 调研背景

习近平总书记指出，"家庭是社会的细胞"，"家庭的前途命运同国家和民族的前途命运紧密相连"，"家庭是人生的第一个课堂，父母是孩子的第一任老师"。① 开展好家庭教育，对促进未成年人健康成长，增进家庭幸福和社会和谐具有重要的价值。

（一）《中华人民共和国家庭教育促进法》推动家庭教育从"家事"提升为"国事"

爱孩子是父母的天性，但会爱孩子是一门科学。当前，家庭教育问题在城市乡村普遍存在，既有家庭教育越位问题，也有家庭教育缺位、错位等问题。2022 年 1 月 1 日《中华人民共和国家庭教育促进法》正式实施，把家庭教育从"家事"上升到"国事"，对凝聚国家、社会、学校、家庭等各层面、各主体的力量，全方位激活家庭教育功能，全面促进未成年人健康成长，具有重要意义。

（二）家庭教育指导公共服务体系建设是落实《中华人民共和国家庭教育促进法》的内在要求

近年来，家庭教育指导公共服务需求量巨大，虽然现有的学校家长学校、社区家长学校等公共服务专业人员在努力提供力所能及的家庭教育指导服务，但仍难以满足旺盛的需求。《中华人民共和国家庭教育促进法》第六条规定，各级人民政府指导家庭教育工作，建立健全家庭学校社会协同育人机制；第七条规定，县级以上人民政府应当制定家庭教育工作专项规划，将

---

① 《习近平著作选读》第 1 卷，人民出版社，2023，第 545 页。

家庭教育指导服务纳入城乡公共服务体系和政府购买服务目录，将相关经费列入财政预算，鼓励和支持以政府购买服务的方式提供家庭教育指导。

（三）建设高水平的家庭教育指导公共服务体系是宝安区打造民生幸福标杆的必然要求

据统计，宝安区常住人口有 448 万人，家庭有 175 万户，0~14 岁儿童有 61 万人。① 由于区域、代际文化的多样性和差异性，以父母为基础的家庭文化和家庭教育呈现多元化、复杂性的特点，很多父母不知道用什么方法教育孩子，粗暴型、控制型、溺爱型等各种问题教育方式频现，家长普遍感到焦虑，迫切需要优质的家庭教育指导公共服务。同时，宝安区正面临"双区"驱动、"双区"叠加、"双改"示范的重大历史机遇，区委、区政府锚定了"世界级先进制造城、国际化湾区滨海城、高品质民生幸福城"的宏伟目标。打造优质的家庭教育指导公共服务体系，必将为实现"三城"宏伟目标进一步夯实社会民生领域建设的"硬底板"。

二 现状调查

课题组核心成员由区妇女儿童服务中心家庭工作部业务团队构成，围绕宝安区家庭教育指导公共服务的家长需求和政府供给端，通过开展问卷调查、查阅专项报表、查阅分析资料等途径开展现状调查。

（一）宝安区家庭教育指导公共服务家长需求调查状况分析

课题组通过区教育局、区妇联等途径发放"家庭教育公共服务需求问卷"，围绕家长对家庭教育的认识、学习途径、服务需求等方面开展调查，共收到有效问卷 13162 份。结果显示，近六成家长认为孩子成长中受家庭教育影响最大。（见图 1）

---

① 数据来源：《深圳市第七次全国人口普查公报》。

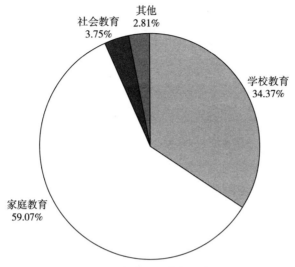

图 1　影响孩子成长因素

资料来源：作者据课题组调研数据制作。

　　尽管社区家长学校、妇儿中心等公共服务机构、商业培训机构、社会公益组织等也在开展家庭教育服务活动，但普及面相对较小，有75.47%的家长认为学校、幼儿园在家庭教育指导服务中起着绝对的主力作用。

　　家长对社区家长学校、公共服务机构、专业心理健康服务机构、社会组织期待高，但现有服务显著不足。同时，家长对学校的家长学校高度信任，有更高的期待。学生家长对社区家长学校、公共服务机构、社会公益组织、专业心理健康服务机构等的期待比例远高于其现有参与比例，对商业培训机构的期待比其现实参与度低。

　　在教育孩子方面，家长感受到的最大困难是"太忙了，没有时间教育孩子"，持此观点的家长占比达到47.34%（见图2）。

　　家长之间互助的情况比较常见。在解决具体家庭教育问题时，选择与其他家长共同探讨的比例高达53.02%，高于请老师指导的36.7%。（见表1）

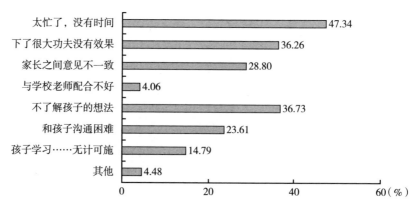

图 2　家庭教育中，家长遇到的各项困难

表 1　家长解决在教育中遇到的问题的各种途径

选项	小计（人）	比例
没办法，过去就算了	1468	11.15%
夫妻商量解决办法	8676	65.92%
查有关书刊等寻找答案	5148	39.11%
去有关机构咨询	782	5.94%
与其他家长共同探讨	6979	53.02%
请老师指导	4830	36.70%
向自己的长辈父母求援	1196	9.09%
很想得到帮助，但没有渠道	1800	13.68%
其他（请写出）	142	1.08%
本题有效填写人数	13162	

　　家长采用阅读书籍、推文等自学方式的比例较高，达到 58.82%。亲子活动、讲座、线上交流等家庭教育指导服务需求强劲（见表 2、表 3）。

（二）宝安区家庭教育促进相关职能单位服务供给状况调查

课题组根据区妇儿工委提供的家庭教育相关职能单位的专项报表资料信息，对宝安区家庭教育促进相关职能单位开展家庭教育促进工作的现状进行了分析。

表 2　家长期待提升家庭教育能力的方式

选项	小计（人）	比例
家庭教育讲座（或线上课程）	6855	52.08%
微信群等线上讨论、交流育儿经验	7032	53.43%
专业人员组织的工作坊或小组活动	2237	17.00%
请教专家或学校老师一对一指导	1925	14.63%
亲子活动	7412	56.31%
阅读书籍、推文	7742	58.82%
电话热线咨询	493	3.75%
其他	77	0.59%
本题有效填写人数	13162	

表 3　家长目前提升家庭教育能力的方式

选项	小计（人）	比例
家庭教育讲座（或线上课程）	8307	63.11%
微信群等线上讨论、交流育儿经验	6869	52.19%
专业人员组织的工作坊或小组活动	4967	37.74%
请教专家或学校老师一对一指导	3953	30.03%
亲子活动	8687	66.00%
阅读书籍、推文	6130	46.57%
电话热线咨询	531	4.03%
其他	42	0.32%
本题有效填写人数	13162	

1. 以隶属学校的家长学校为依托，区教育部门家庭教育指导服务工作已经实现规范化、体系化、常态化，成为家庭教育公共服务的主力

（1）有一支专业化、专职化、规模化的工作队伍。从 2016 年起宝安区教科院专设家庭教育部，确保专人推进家庭教育相关事项。近年来，区教科院家庭教育部致力于家庭教育研究，以更好地开展家庭教育指导工作。家庭教育部现配备 3~5 个编制，现有区家庭教育教研员 2 人，负责开展家校共育课题研究及课程研发；制定了《宝安区教育系统家庭教育人才队伍建设实施方案》，构建起智库型"专家顾问团"、引领型"家庭教育兼职教研员"、骨干型"家庭教育指导师"、实践型"家庭教育指导员"等多层次人才队伍。

（2）有一套完整的、覆盖面广的工作机制。1999 年 6 月，成立区家长学校（总校），制定了《宝安区中小幼家长学校分校管理办法》，要求所有中小学幼儿园成立家长学校，做到"家长学校全覆盖、家长教育课程全覆盖、家庭教育指导全覆盖"。该办法指导学校从组织机构建设、教学常规管理、师资队伍建设、考核评价等方面落实公益性、普惠性家庭教育指导服务。自 2001 年起，宝安区每年举办一届主题鲜明、形式多样、内容丰富的"家庭教育宣传周"活动。该活动往年是 11 月份由区教育局联合区文明办及区妇联开展，2022 年起调整至 5 月中旬开展。目前，区教育局正在创建"全国规范化家长学校实验区"，以激励各家长学校向规范化、常态化、科学化发展。

（3）实现了对家长学员开展家庭教育指导服务的常态化、全覆盖。区教育局将家长学校工作纳入学年考核，全区中小学幼儿园家长学员每学年接受家庭教育培训不少于 8 课时。班主任、任课老师通过家访、电访、家长会、微信群等开展常态化家庭教育指导服务。2021 年 9 月，开展全区全员家访，增进家校互动和相互了解。11 月开展心理危机专项测评，通过前后两次测评对比发现，教育领域"双减"之后我区学生睡眠时间和体育运动时间明显增多。

2. 以社区公共服务设施为依托，区社区家庭教育指导服务体系具备良好基础

（1）区民政系统现有的未成年人保护工作机制为开展困境未成年人家庭教育指导服务奠定了坚实基础。区民政局建立了区、街道、社区三级未成年人保护工作队伍。区民政局内设养老服务和儿童福利科，指定 1 名公务员专门负责未成年人保护工作；区未成年人救助保护中心指定 2 名人员负责未成年人救助保护工作；每个街道办事处指定 1 名从事儿童工作的专职（兼职）"儿童督导员"；每个社区工作站指定 1 名从事儿童工作的专职（兼职）"儿童主任"。区未成年人保护中心临时庇护的未成年人均一人一档。在区民政局提供相关名册和业务指导下，区未成年人保护中心定期探访全区在册困境未成年人，一是提供相关的慰问物资，二是及时掌握困境未成年人的相关情况。各街道对辖区内困境儿童采用"入户走访+座谈交流+邻里访问"等方式，深入摸清社区困境儿童底数，建档立卡，全面了解困境儿童及其家庭基本信息、监护状况、福利保障等信息。区未成年人保护中心以项目的形式，引进专业的社工机构，为前来接受临时庇护的未成年人提供专业的社工介入服务，包括项目活动、心理辅导、资源链接、寻亲等。区社会福利中心建立了家庭寄养工作小组和探访制度，每月至少一次家访，不定期地打电话，或者进行视频访谈，开展寄养家庭培训。

（2）区卫健系统的儿童早期发展专业力量可以为社区儿童早期家庭教育指导提供专业技术支撑。区卫生健康局充分发挥部门专业优势，支持婴幼儿家庭教育提升育儿能力。一是根据 0 ~ 3 岁婴幼儿身心发展规律，在宝安区妇幼保健院儿童早期发展科开设多门亲子课程，指导育儿家庭科学育儿，促进儿童早期综合发展。二是组织开展培训班，指导街道、社区托育服务相关工作人员及全区托育机构工作人员，传授婴幼儿卫生保健知识，提高其技能；扩充育儿家庭早期发展科学育儿指导师资。三是组织"科学育儿百场活动"进社区服务，通过提供亲子课程，让家长学校服务进到街道、社区，让更多的育儿家庭就近享受政府提供的惠民服务。四是举办宝安区亲子阅读 DV 大赛、科学育儿家庭知识技能竞赛、"六一"国际儿童节大型宣传活动等，营造科学育儿的幸福家庭氛围。

（3）区妇联推动的社区家长学校工作初步框架为让更多家庭教育指导服务资源进社区提供了便捷路径。区妇联积极探索社区家长学校常态化运作的有效路径。一是实现社区家长学校建设全覆盖。区妇联于2017年5月出台《宝安区街道及社区妇女儿童服务阵地建设工作指引》，2019年6月出台《关于进一步规范宝安区"妇女儿童之家"建设的若干意见（试行）》，对社区家长学校建设提出了具体要求。二是初步建立起兼职社区家长学校工作队伍。全区124个社区基本建成"妇联主席+妇干+社工+心理咨询师"的社区家长学校工作队伍，并促进家庭教育专业资源进到社区开展家庭教育指导服务。三是初步建立起社区家长学校支持体系。区妇儿服务中心2021年5月启动"宝安区示范社区家长学校创建"工作，以"亲子活动、学习社群、个案服务"等服务形式，满足社区家庭教育服务的多样化、层次化需求，发挥妇联群团组织的优势，组建社区家长学校师资库、课程库，试行选课制，赋能社区妇干、社区居民骨干，组建、维护专题学习社群，打造"孩子结伴群育、家长组团互助、社区链接资源"的社区家长学校常态化运营模式。各街道妇联依托社区阵地，结合民生微实事开展公益家庭教育活动。以社区馨和家园工作室、社区家长学校、"四点半课堂"、"妇女儿童之家"为阵地，结合民生微实事服务项目，开设家庭教育方法、儿童早期教育等领域课程，为辖区的家长提供公益免费且贴近家庭教育的课程。

3.各类公共文化服务机构积极开展家庭教育实践活动，为宝安区市民提供了多样化的家庭教育类公共服务产品

团区委设立青少年心理健康服务中心，以青少年家庭为主题，利用"双减"政策落地后学生晚间空闲时间（每周一、三、五晚上7：00~9：00），组织专业心理人员，常态化开展"青语夜谈"家庭教育夜间公益咨询服务项目，切实解决青少年"成长的烦恼"，为家庭建设注入"心"能量。

宝安区青少年宫坚持家长家教科普与青少年心理辅导双联动、线上与线下科普双联动的服务模式：一是搭建6个家长社群，指导家长，每周固定时间组织教育专家线上答疑，服务人数超万人；二是编印家教科普系列手册共计7.6万册并提供给学校、家长；三是开展线下系列家长课堂活动共计79

场，受众 1 万余人；四是为 687 个心理困扰青少年及其家庭提供一对一心理辅导服务，服务时间达到 4618 个小时。

宝安区图书馆多途径营造家庭阅读氛围，促进家庭教育质量提升。一是利用图书馆资源，实施"千家书房，万卷阅读"家庭证项目，招募优质读者，给其办理家庭证，带动周边社区居民自主阅读，开展阅读推广活动。二是开展"励读计划进校园"活动，为在校学生集体办理免押金的学生励读证，鼓励、引导其走进图书馆，使用图书馆，并通过送故事进校园活动，激发其阅读兴趣，从而帮助其从小养成良好的阅读习惯。三是 24 小时自助图书馆开设青少年专架，定期更新相应馆藏，保证在开馆服务以外的时间也能满足青少年读者的阅读需求。四是定期开展宝安区图书馆青少年读者"馆长少年"活动，让青少年读者用职业体验的方式，以"馆长"的身份来了解图书馆、参与图书馆管理，给图书馆的服务提供更多的建议。五是每年举办"宝图星期"讲座之优阅父母学院系列讲座。六是每月定期开展"给新手爸妈"的阅读指导活动，提供亲子阅读指导，让家长了解婴幼儿读物等。七是定期开展"图图姐姐讲故事（平日版）"活动、线上外文故事"领读人"招募活动及周末故事角"领读人"活动。八是开展图书馆导览活动，开展少儿版图书馆参观活动。

区科技馆依托宝安区科普教育基地、基层科协、科普学术交流资助项目，以及流动科技馆、院士专家讲座进校园等品牌科普活动，提供以"家庭教育"为主题的科普服务。举办科普展览、科学公益课程、科普讲座、科学秀等，开展公益性家庭教育服务。

4. 家庭教育促进相关部门落地落实落细《中华人民共和国家庭教育促进法》

2022 年 5 月 30 日，区法院、区检察院、区公安分局、区司法局、区教育局、团区委、区妇联、区关工委八家单位代表共同签署了《关于在涉未成年人案件中开展家庭教育指导工作的实施意见（试行）》，推动落实家庭监护主体责任，优化家庭成长环境。该意见规定：办案机关认为确有必要的，可以通过深圳市宝安区网格化智慧管理系统发起家庭教育指导工作联动，其他协助执行机关应当及时处理并在系统上进行反馈回复。区妇联与区教育局制定学校心理教师与社区心理咨询师联动措施，发挥学校、家庭、社区在关爱帮扶方面的协同育人作用，以新安、西乡为试点开展休学学生社区关爱工作，为有需要的学生及家庭提供心理疏导和家庭关系辅导，在此基础上探索形成常态工作机制。

三　存在的问题

调研发现，宝安区家庭教育指导公共服务体系建设中主要存在以下问题。

（一）参与家庭教育指导服务的各部门缺少定期沟通交流机制，缺少专门的对接人员,资源共享不及时

家庭教育指导公共服务体系的建设，是一项系统工程，需要社会各界通力合作。目前，参与家庭教育服务的学校家长学校和社区家长学校尚未建立信息互通机制。据教育部门反馈，涉休学在家的重点关注学生的教育工作时，学校难以得到社区相关力量的支持；当寒暑假学校老师放假时，心理健康方面须重点关注的学生的教育工作，也急需社区相关力量的支援，但没有建立起学校、社区联动机制。青少中心、图书馆等公共服务部门在提供家庭教育指导服务公共产品时基本是在独立行动，尚未与教育部门、街道和社区建立信息互通、资源共享的机制，导致出现服务信息得不到充分分享的现象，家庭教育服务专业资源也受到限制。

（二）典型困境儿童家庭教育帮扶机制尚待完善

近年来，随着经济社会的快速发展，青少年心理问题突出，危机事件增多。父母的离异常常导致孩子陷入困境。游戏上瘾、休学在家的困境儿童时常出现。这些孩子和家长都需要家庭教育公共服务提供兜底服务。区民政、教育、司法、妇联等部门都在努力开展困境未成年人保护工作，但困境儿童的家庭教育帮扶机制建设尚在起步阶段。

（三）社区家长学校是短板，与群众的服务需求和《中华人民共和国家庭教育促进法》的要求有较大差距

与学校家长学校相对应，社区家长学校在服务便捷性、从优化家庭内部因素角度提升家庭教育水平方面存在优势，可开展准家长、0~3岁孩子的指导服务，与学校家长学校形成互补。但因社区家庭教育服务内容广泛且难聚焦、家长组织难、服务队伍组建难、资源配置不足等实际问题，社区家长学校的服务尚未得到广泛认可。从事社区困境儿童家庭教育服务的兼职儿童主任，从事社区家长学校实际运作的社区妇干、社工的专职化专业化程度较低，这批人员普遍存在社区兼职多、工作负荷大、流动性大的情况，导致社区家长学校服务质量和服务频次得不到保障。街道层面的兼职"儿童督导员"、妇联妇干同样存在专职化、专业化程度不足的问题，难以给社区提供足够的指导和支持。社区家庭教育指导服务工作现实的工作情况与《中华人民共和国家庭教育促进法》的要求和打造中国特色社会主义先行示范区的民生幸福标杆的要求差距较大。

（四）学校家庭教育指导服务还不能有效满足多样化、个性化的群众需求

从家庭教育指导服务供给情况来看，宝安区教育系统在家庭教育指导服务体系中发挥着主导作用。中小学幼儿园需要以孩子的成长发展为目标，不能仅仅关注孩子的学习情况，更要传递积极的家庭教育知识，倡导立人先立德的教育观念，促进父母教育理念的转化，促进家长提升家庭教育水平。但学校开展家庭教育指导的主力军是承受教学工作和日常管理双重压力的班主任、德育主任、学校领导等人员；家庭教育指导服务面向的是在校学生家长，侧重要求家长配合学校教育，难以介入影响家庭教育质量的家庭内部因素；未涵盖0~3岁儿童家庭教育指导。面对人民群众对家庭教育指导服务的多样化、个性化的需求，学校是服务的提供方，同时也是服务的需求方，一些工作中的实际问题需要得到其他部门和社会力量的支持。

（五）家庭教育指导服务尚未进入政府购买服务目录

按照目前的财政经费预算和划拨制度，学校、社区、各公共服务机构普遍缺少持续稳定的家庭教育公共服务专项经费支撑。

四 政策建议

（一）统筹规划，政府加强部门联动，建立部门间常态化信息沟通和资源共享机制

区级层面由妇儿工委组织，定期召开与家庭教育促进相关的部门的联席工作会议，统筹协调各部门家庭教育促进工作，及时解决家庭教育事业发展过程中的实际问题，制定和完善区级层面落实《中华人民共和国家庭教育促进法》的相关制度和文件。各街道办建立街道家庭教育指导中心，统筹协调街道家庭教育促进工作，指导社区家长学校日常工作，协调辖区中小学幼儿园家庭教育相关工作。建立健全社区家长学校、学校家长学校、公共服务机构的交流合作、信息共享、资源互补的工作机制，促进学校教育、家庭教育、社会教育相互配合、协同发展。

（二）打造"底板"，建立典型困境儿童家庭教育帮扶机制，"不让一个孩子掉队"

依托街道儿童督导员、社区儿童主任、儿童社工等儿童工作者队伍，联动学校、社区和其他相关部门，明确典型困境儿童家庭教育各方职责及边界，充分发挥未成年人保护工作站的职责作用，指导、督促父母或者其他监护人依法履行家庭教育主体责任。以宝安区网格化智慧管理系统、宝安区家事情感纠纷智慧调处系统等平台为基础，建立有心理健康问题的儿童、学习困难儿童、休学在家儿童、贫困儿童、涉案和失管未成年人等特殊需要儿童档案，做到"一生一案"，分级分类制定家庭教育帮扶机制，努力"不让一个孩子掉队"。

（三）补齐短板，建设好社区家长学校，让居民享受家门口的优质家庭教育服务

社区家庭教育服务体系是目前宝安区家庭教育指导公共服务体系建设的薄弱环节，建设好该体系，对全区家庭教育工作和家校社协同育人机制建设整体推动作用巨大。建议以区民政系统、街道、社区三级未成年人保护工作队伍和妇联系统三级社区家长学校工作队伍为基础，相应配备专职专业人员，统筹优化现有社区家长学校工作联动机制，整合社区家庭教育服务项目的各项任务。制定社区家长学校建设标准，逐步完善督导评估等工作机制。

（四）多元供给，丰富家庭教育公共服务产品，满足群众多样化服务需求

一是建立家庭教育"必修课"体系。设立并完善相关家庭教育课程，各相关部门在结婚、生育、入园、幼小衔接、中小学各年龄段等节点，适当前置，为家长（包括准家长）提供必修课服务，将家长应知应会的基础性孩子成长规律知识、家庭教育理念和基本方法传递给家长，营造"不学习就不是合格家长"的家庭教育促进氛围。二是多途径为广大家庭提供"选修课"。中小学幼儿园、社区家长学校、各类公共文化服务机构充分发挥自己的优势，建设线上学习平台，提供讲座、工作坊、学习社群、亲子活动、户外拓展等公共服务产品；建设家庭教育服务项目库、人才库、课程库、活动库；打造各类家教家风活动基地等，为宝安区家庭提供丰富多彩的家庭教育"选修课"。三是培育、规范家庭教育指导服务市场，引导专业人士和专业机构提供多元化内容，满足宝安区家庭对多样化家庭教育指导服务的需求。

（五）经费保障，将家庭教育指导公共服务建设纳入财政预算

由区委、区政府出台指导意见，将与家庭教育促进相关的部门的家庭教

育服务专项工作经费纳入财政年度预算，加大财政投入力度，重点支持学校幼儿园、社区家长学校、各类公共服务机构，推进开展家庭教育专题研究、服务人员队伍建设和培训、公共服务产品研发和课程资源购买等，提升家庭教育指导公共服务整体质量。

深圳龙岗区新时代家庭教育
高质量发展报告

丰 硕[*]

摘　要： 近年来，与家庭教育紧密相关的文件、法规密集出台，国家对家庭教育高度重视，也对如何推动新时代家庭教育高质量发展提出了更高的要求。在此背景下，龙岗区深入贯彻落实习近平总书记"注重家庭，注重家教，注重家风"[①] 的重要指示要求，不断学习借鉴先进城市、先进区域经验，围绕中心服务大局，深耕家庭建设，实施"家家幸福安康工程"，开展家庭文明"齐家"行动、家庭教育"助家"行动、家庭服务"惠家"行动和家庭发展"促家"行动，为推动龙岗家庭教育高质量发展注入新动能。本文梳理了龙岗区推进家庭教育高质量发展工作的开展情况，总结其中经验，以期为家庭参与基层社会治理提供参考。

关键词： 龙岗区　家庭教育　高质量发展

一　龙岗区家庭教育工作开展情况

近年来，龙岗区聚焦家庭教育的热点、难点和痛点，充分发挥各级家庭教育阵地作用，培养家庭教育服务人才，探索创新家庭教育科学方法，提升家庭教育指导服务水平，不断加强家庭教育工作。

---

[*] 丰硕，深圳市龙岗区妇女儿童服务中心十一级专业技术岗职员，主要研究方向为家庭教育与家庭文明建设。

[①] 《习近平著作选读》第 1 卷，人民出版社，2023，第 544 页。

1. 形成合力，夯实家庭教育服务阵地

由区教育局牵头，在区教育科学研究院设立区家庭教育指导中心。指导中心负责统筹家庭教育指导师资培养、课程建设、家庭教育研究与培训服务，盘活全区中小学、幼儿园、街道社区资源，探索区域"家、校、社"协同育人机制，培育家校社共生共长的区域教育生态。2022年底，龙岗区家庭教育指导中心已成立了一支专业化的师资队伍，累计遴选了462名家庭教育授课讲师培养对象，其中接受系统培训并通过考核获得授课认证的讲师有136名、面向社区居民开展"家庭教育热线咨询、面询""家庭教育大讲堂""家庭教育读书沙龙、专题沙龙""家庭教育研究"等指导服务并探索建设家庭教育指导和心理健康教育指导中心社区服务站点。

充分发挥社区家长学校作用。在布吉街道龙岭社区创建市级"阳光家长学校"家庭教育示范点及市级社区家长学校示范点，大力创建区级社区家长学校示范点，选出了一批专业规范、示范性强的优秀家长学校。明确服务内容，完善管理制度，开展家庭教育公益课程，通过网络和新媒体技术传播家庭教育知识，以点带面推动家庭教育优质均衡发展。

健全学校家庭社会协同育人机制。教育系统、卫健系统、法院、检察院、团区委、妇联等相关部门加强联动，对涉案未成年人、停学厌学青少年等群体提供精准家庭教育指导，提供心理健康、生命教育、安全教育等公益服务。

2. 培育人才，打造家庭教育服务队伍

充分挖掘社会公益力量，提供更精准、及时的家庭教育指导公益服务。如在龙岗区11个街道成立家庭教育指导服务公益队伍，广泛开展家庭教育公益服务；实施"种子妈妈"培育计划，发动各街道和各社区巾帼志愿者、最美家庭代表、公益服务团队、婚恋指导专家、心理咨询专家等，在更大范围内集结妇女人力资源和智慧优势，培育了300名具有一定专业能力的"种子妈妈"，她们扎根家庭、社区、学校，提供优质公益服务。

3. 树立品牌，推广家庭教育服务项目

龙岗区推进实施"一站式"婚姻家庭指导服务项目，积极打造一批家教家风品牌项目，进一步扩大家庭工作的覆盖面。该项目获评 2022 年度全国妇女工作改革创新案例"全国十佳创新案例"，是广东省唯一获评基层案例。成功举办"好家成长计"家庭教育论坛，聚焦家庭赋能，助力家长为孩子"扣好人生第一粒扣子"。此外，整合相关部门资源，开展"婚恋指导课堂"、"爱家讲堂"、家庭教育指导等各类活动，从根源上守护好婚姻家庭这道影响社会稳定的防线。

4. 广泛宣传，展示家庭教育服务成果

一方面，统筹各类宣传推广平台和渠道，通过多样化的宣传方式向龙岗辖区群众展示龙岗区在家庭教育工作方面取得的成绩，增强群众的参与感、获得感和认同感，真正让宣传"飞入寻常百姓家"。另一方面，区纪委、区委宣传部、区融媒集团等部门联动，征集好家规、好家训并进行展播宣传，大力弘扬廉洁理念和良好家风。

二 龙岗区家庭教育工作面临的挑战

目前，龙岗在推进家庭教育发展方面虽然取得了一定的成绩，但是对标上级妇联的要求和新形势下广大群众对家庭教育的新期盼、新要求，仍然存在以下问题。

1. 参与群体不平衡

家庭教育在不同群体间发展不平衡，"80 后""90 后"父母参与程度高于"60 后""70 后"，女性参与程度高于男性，文化水平较低的家庭参与程度低于文化水平较高的家庭。参与群体的差别，造成了工作开展的不平衡。

2. 部门联动不充分

在开展家庭教育工作中，特别是在开展"家校社"协同工作中，龙岗区有些部门仍然存在"单打独斗"的现象，相关职能部门各自为政，难以形成合力，导致家庭教育资源供给不均衡或与需求契合度不高，未能充分发挥各职能部门的资源统筹优势。

3. 专家资源相对缺乏

目前，龙岗家庭教育指导服务体系覆盖还不够全面，家庭教育专家资源还相对较少，妇联组织工作人员家庭教育知识储备不足，对妇联以实施《家庭教育促进法》为抓手，打造家庭教育工作亮点和创新工作模式提出了挑战。

三 龙岗区家庭教育工作发展方向

未来，龙岗区将牢牢把握好"双区"驱动、"双区"叠加、"双改"示范等重大历史机遇，不断加强部门横向联动、市区纵向联动，进一步完善制度建设，充分发挥体制机制优势，探索形成可复制可推广的家庭教育指导服务新模式，不断提升家庭教育指导服务水平，推动家庭教育向纵深发展。

1. 聚焦家庭文明建设，助力家庭教育优质发展

挖掘本地文化资源优势，深化家教家风实践基地创建工作。充分发挥龙岗区甘坑古镇省级家教家风实践基地的示范带动作用，形成一套家教家风教育示范基地建设标准，依托辖区内家庭文明建设示范点、家风家训馆、好人馆、名人故居、文化公园、儿童公园等资源，打造一批家教家风实践基地，开展互动性强的体验活动和现场教学，吸引广大家庭和未成年人参与其中，为家庭文明建设奠定实践基础。

加大家庭文明建设工作的投入力度，持续选举"最美家庭"，树立先进典型。区委宣传部、区文体局、区城管局、区融媒集团等相关部门联动，探索"最美家庭"礼遇激励制度，对"最美家庭"等家庭典型给予精神和物质奖励。比如，收费的公园、展馆、活动可对"最美家庭"成员减免票价，推动全社会尊崇、礼遇、学习各类先进家庭典型，激励"最美家庭"等先进家庭在家庭文明创建中发挥示范引领作用，鼓励"最美家庭"成员参与扶贫济困、扶弱助残、帮老助幼、支教助学、科技推广、文体服务、环境保护、法律援助、治安防范等志愿服务。

打造一批形式多样的家教家风品牌项目。结合"红色家风润万家"等

主题，深入开展好"我们的节日·精神的家园"系列主题活动。抓住春节、元宵节、清明节等节日契机，组织开展家庭文艺活动、文化讲座、家风故事宣讲、时代新风宣传等活动，引导群众在活动中传承节日习俗、感悟中国精神、增强文化自信。依托妇女儿童之家，开展广东省家庭家教家风图文巡展和自然笔记征集等"少年儿童心向党"系列活动，深入开展未成年人思想道德建设，加强青少年理想信念教育、党史教育、爱国主义教育和社会主义核心价值观培育等，在改革开放最前沿讲好深圳家风故事。

推动工作触角向基层延伸，把家庭家教家风建设活动同解决群众家庭和个人实际困难结合起来。转变以往群众"被动参与"的局面，开展浸入式家风家教体验活动，将工作触角延伸到更多年轻型、知识型家庭；鼓励人们以家庭为单位参与志愿服务活动，吸引家庭成员走出"小"家、融入"大"家；支持服务对象从参与者向组织者的转变，积极引导家庭集体参与"文明城市创建""反诈骗宣传""打黄扫非""扫黑除恶""垃圾分类"等基层治理事务；增进家庭幸福与社会和谐，发挥家庭家教家风建设在基层社会治理中的作用，助力深圳建设中国特色社会主义先行示范区。

2. 聚焦民生热点难点，探索家庭教育服务路径

加强顶层设计，从制度层面加强规范化建设。制定龙岗区家庭教育工作专项规划，推进覆盖全区的家庭教育指导服务体系建设。从队伍建设、阵地建设、公共服务等方面，进一步推动"家庭教育促进法"落地。

建立并完善区、街道、社区三级家庭教育指导服务体系，打造各级家庭教育阵地。紧密联动区教育局，依托现有的区家庭教育研究与指导中心和公共服务设施设立家庭教育指导服务站点，开展家长学校建设、家庭教育研究、队伍管理培训等工作，使家庭教育指导服务站点覆盖所有家庭，家庭教育指导服务工作覆盖所有家庭。

培养家庭教育服务人才，建立专业人才队伍。充分利用大学等辖区优势资源，组建家庭教育专家智库，建立专业讲师队伍，集结市区人力、资源和智慧优势，传播科学的家庭教育、生命教育等先进理念。利用社区家长学校等服务阵地，与教育局专业化讲师队伍联动，定期对各街道家庭教育指导服

务站点开展业务指导培训，指导各街道家庭教育指导服务站点开展热线咨询及支持服务，培训家教讲师，开展丰富有效的家校互动活动，提升家庭教育指导工作的实践水平。

深化品牌特色项目，打造一批以家为主题的家庭教育品牌项目。持续开展家庭教育指导服务进社区活动，推动家庭教育知识进家庭、进社区、进学校，进一步拓展婚姻家庭服务的广度、深度和精度，为家庭教育工作提供更多"龙岗样本"。

此外，依托龙岗区家庭教育指导中心，引入社会力量，整合社会资源，多渠道争取经费，统筹推进"父母成长计划""幸福家庭"等公益项目，在全区推广"龙岗区幸福家长学校"项目，通过系统的家庭教育课程体系，让更多家庭掌握科学的家庭教育理念和方法。

3. 开拓工作思路，创新家庭教育服务举措

深化家庭教育指导中心职能建设。依托区家庭教育指导中心，探索建设家庭教育指导和心理健康教育指导的社区服务站点，直接服务于基层群众，满足基层群众家庭教育指导需要，在社区层面制定的社区家长学校建设标准，为全区家长学校开展家庭教育提供指导。

整合社会资源，试点实施早教指导师驻社区志愿服务项目。以社区社会组织为主体，社工机构整合社区资源，打造家庭教育工作新模式，为基层社区家庭提供更精准的家庭教育指导服务。

做好未成年人保护和服务工作。突出问题导向、专业导向、预防导向，将家庭教育指导作为预防和减少未成年人犯罪的重要抓手。积极推动妇幼保健机构、基层医疗卫生机构开展婴幼儿早期发展服务。推动和支持有条件街道完善婴幼儿照护等公共服务设施。利用公共场所及各类家长学校、婴幼儿照护机构、妇女儿童之家等，组织开展亲子阅读、家长课堂、宣传咨询等多样化的育儿指导活动。推动将科学育儿知识纳入家政服务培训，提升家庭科学育儿水平。

强化家风家教思想宣传引领工作。聚焦立德树人家庭教育主题，开展家风家教主题宣传月、家庭教育宣传周等各类宣传及主题实践活动，以文艺作品、出版物、公益广告、短视频、微课程等,传播正确家庭教育理念和科学知识。加强对传统文化、红色文化、特区精神的传承和弘扬,打造一批特色成链、风格成片的省、市、区级家教家风实践基地。倡导党政机关、企业事业单位、群团组织将家风建设纳入单位文化建设,支持职工参加相关的家庭教育服务活动,营造立德树人社会舆论氛围。

加强政府统筹,完善学校积极主导、家庭主动尽责、社会有效支持的协同育人机制。强化学校教育主阵地作用,引导家长切实履行主体责任,充分利用社会育人资源,实现信息共享和服务联动,形成定位清晰、机制健全、联动紧密、科学高效的学校家庭社会协同育人机制。把学校家庭社会育人工作成效作为政府履行教育职责评价和教育质量评价的重要内容,纳入文明创建活动、未成年人思想道德建设和未成年人保护工作考核体系。

4. 聚焦新形势新要求,丰富家庭教育宣传形式

新形势对宣传工作提出新要求,未来,龙岗区家庭教育宣传工作将尝试多种形式,实现传播效应的最大化。

重视培养和树立典型,采用"接地气"的宣传形式,运用体现人文关怀的情理交融式话语和鲜活生动的群众语言,加强互动交流的群众参与模式。组织全方位、立体化的主题宣传,形成特色化的家庭教育阵地文化名片,统筹好各类宣传推广平台和渠道,坚持集中有序、层次递进、精准投放、形式多样的原则,推出有风骨有道德、有温度的新时代家庭家教家风主题宣传作品。

广泛运用各种媒体形式开展省、市、区级家教家风实践基地宣传工作,在报刊和新媒体等平台推出专题专版、系列报道、主题采访。结合新媒体开发云课堂、跟拍 Vlog、家风直播等产品,推送优良家庭家教家风宣传信息,不断提高家教家风实践基地的社会影响力,扩大辐射面。此外,区纪委、区委宣传部、区融媒集团等部门联动,征集好家规、好家训并进行展播宣传,大力弘扬廉洁文化和良好家风,号召家庭成员铸牢"知廉、倡廉、守廉"意识。

深圳市宝安区推动区域家庭教育服务体系建设报告

文婉聪　陈梅胜　黄翠英*

摘　要：　本文从顶层设计、服务体系、队伍建设、阵地打造及制度保障等方面，阶段性总结深圳市宝安妇联系统强化顶层设计、构建区—街道—社区服务网络、建立多层次专兼职结合人才队伍、推进社区家庭教育学习社群建设、丰富家庭教育宣传活动载体、建立兜底性个案帮扶机制、推动依托社区家长学校的区域家庭教育服务体系建设的实践经验，分析工作推进过程中的实际问题，提出普惠性家庭教育公共服务供给能力提升路径。

关键词：　妇联家庭教育　三级服务体系　深圳宝安

　　"做好家庭工作，发挥妇女在社会生活和家庭生活中的独特作用"，① 是以习近平同志为核心的党中央交给妇联组织的重要任务。《中华人民共和国家庭教育促进法》赋予了妇联组织与教育行政部门共同作为法律实施主要责任主体的地位，从不同角度规定了妇联组织做好家庭教育促进工作的责任。近年来，宝安区妇联在省市妇联的有力指导和区委区政府的坚强领导下，深入学习贯彻习近平总书记关于妇女儿童和妇联工作、关于注重家庭家

＊　文婉聪，深圳市宝安区妇女儿童服务中心主任，深圳市宝安区家庭教育指导服务中心副主任；陈梅胜，深圳市宝安区妇女儿童服务中心家庭工作部部长，中学高级教师；黄翠英，深圳市宝安区尚德社会工作服务社初级督导，社会工作师。

① 中共中央党史和文献研究院编《习近平关于注重家庭家教家风建设论述摘编》，中央文献出版社，2021，第5页。

教家风建设的重要论述精神，大力推动《中华人民共和国家庭教育促进法》落地见效，凝心聚力，奋楫笃行，不断推进家庭教育事业高质量发展。

一　基本情况

深圳市宝安区有常住人口 448 万人、175 万户家庭、61 万名 0~14 岁儿童。① 随着社会转型速度加快，传统的家庭结构和功能发生深刻变化，家庭教育存在的问题日益凸显，辖区家长对家庭教育指导公共服务需求旺盛。2021 年以来，区妇联累计开展家庭教育活动 2500 场，服务约 85 万人次。近年来，"种子计划——康乃馨妈妈故事团"家庭教育公益品牌项目荣获第十八届深圳关爱行动"百佳市民满意项目"，"社区家长学校社群化"学习项目荣获宝安区"终身学习品牌（项目）"。区妇儿服务中心被评为广东省儿童友好实践基地、广东省家庭亲子阅读体验基地、深圳市第三批家教家风实践基地。区妇女儿童服务中心在广东省妇女儿童活动中心发展促进会2021 年工作交流会上作社区家长学校工作经验分享。区妇联于 2024 年 4 月成功申报中国儿童中心家庭教育研究与实践基地。

二　主要做法及阶段性成效

为推动家庭教育高质量发展，结合宝安实际，区妇联牵头积极探索构建"区—街道—社区"三级家庭教育指导服务体系，主要做法如下。

一要强化顶层设计。发挥政府的主导作用，加快社区家庭教育指导服务阵地的基础建设，并提供配套支持和保障。参照《广东省县（区）级家庭教育指导中心建设与工作指引》，出台《宝安区家庭教育指导服务体系标准化建设工作规则》，从制度层面探索构建以社区家长学校为抓手的"区—街道—社区"三级家庭教育指导服务体系，明确三级家庭教育服务

---

① 数据来源：《深圳市第七次全国人口普查公报》。

平台的功能定位，细化"六有"建设标准（有阵地、有队伍、有台账、有服务、有经费、有评估），推动宝安区家庭教育指导服务制度化、规范化、常态化开展。

二要构建区—街道—社区服务网络。由区妇儿工委牵头成立区级家庭教育指导服务中心，中心主任由区妇儿工委副主任（区妇联主席）担任，中心日常工作由区妇女儿童服务中心执行，搭建起区级指导、街道带动、社区服务、部门联动的"1+10+124+N"家庭教育指导服务协同网络（1个区级家庭教育指导服务中心，10个街道家庭教育服务站，124个社区家长学校和N个分布在法院、图书馆、科技馆、青少年中心等公共服务机构的家庭教育服务站）。参照教育部等十三部门联合印发的《关于健全学校家庭社会协同育人机制的意见》文件要求，该网络发挥"社会有效支持服务全面育人"功能，与区教育系统"学校充分发挥协同育人主导作用"一起，共同构成区域家庭教育公共服务体系。

三要建立多层次专兼职结合人才队伍。吸纳国内优秀专家学者组成智库团队，提供智力支持；整合辖区教科院专家、学校老师、职能部门负责人、资深律师、医生等资源组建家庭教育讲师团；打造一支社区"一妇干+一心理咨询师+一社工"家庭教育指导服务队伍，提升该队伍家庭教育指导服务能力；通过家庭教育赋能项目，培育一支家庭教育公益推广人队伍，提升家长自我服务能力，构建起家庭教育分级分类的人才服务梯队。

四要创新家长学习组织方式，开展社区家庭教育学习社群建设。为探索新时代社区家长学校学习组织方式，宝安区妇女儿童服务中心整合资源，在新安、福永、福海等多个街道社区开展了家庭教育推广人培育课程，培训了一支由户外亲子教育指导员、"爱宝心安"学习社群领头人、"游戏力"种子讲师等人组成的家庭教育推广人队伍，培育了涵盖亲子阅读、亲子活动、亲子游戏力、书籍领读、父母教养等不同内容专题的学习社群，让家庭教育推广人队伍延伸到社区来开展实践课程，把社群学习共育能力留在社区。社区妇联以家庭教育推广人和贴近家长需求的服务内容为抓手，吸引、凝聚辖区居民，更好发挥社区家长学校服务效能。

五要丰富家庭教育宣传活动载体。依托"区—街道—社区"三级妇联组织，开展多种方式的家庭教育指导服务，区妇联每年举办家庭教育宣传周、"好家成长计"家庭教育论坛等活动，评选"最美家庭"和"美丽母亲"。街道妇联开设家庭教育方法、儿童早期教育等领域课程，打造各具特色的家庭教育品牌项目。社区以"亲子活动、学习社群、个案服务"等服务形式，打造"孩子结伴群育、家长组团互助、社区链接资源"的社区家长学校常态化运营模式。2023年三级妇联组织合计开展儿童成长小组、夏令营、父母素养提升等与家庭教育相关的活动近5000场，服务居民32万人。

六要建立兜底性个案帮扶机制。探索家庭教育"兜底服务"新路径，区妇联试点开展对厌学停学未成年人及其家庭的精准帮扶"安心行动"，依托医院专家团队和心理咨询师，提供个案咨询、心理辅导、家长赋能等系统化家庭教育综合治疗，50%的学生成功复学。新安街道妇联开展暑期助学项目，帮助20名停学厌学学生成功返校。福永街道妇联摸排出存在困境情况的儿童，建立分级分类管理制度，主动靠前提供家庭教育指导、资源链接等各类服务。

三　存在的问题

从妇联视角推动区域"社会有效支持服务全面育人"需要有久久为功的韧劲和求真务实的科学态度。当前宝安区家庭教育公共服务领域还存在缺乏权威、统一的信息化资源平台、经费保障不足、专业人才配备不足、专业支持不够等一系列问题。

家长的家庭教育观念存在认知偏差。我区人口体量大、外来务工人口占比高，轻德育、重成绩现象突出，分数焦虑、虚荣攀比现象广泛存在。不少家庭以孩子的学习成绩作为评判孩子的首要标准，家长们盲目追求培训，使教育的经济投入和时间成本增加，而忽视了生活习惯、人生理想及孩子身心健康的重要性。

家庭教育公共服务体系覆盖面有限，缺乏联动机制。学校、家庭、社会协同育人机制尚不成熟，对我区近两万户家庭的调查显示，我区学校幼儿园家长学校建设实现了全覆盖，但提供的家庭教育指导服务并未覆盖到全部的家长。仅 21.94% 的家长带孩子参加过青少年中心、科技馆、妇儿中心等公共服务机构组织开展的家庭教育服务活动，接受过社区家长学校服务的家长仅占 18.82%。[①] 相关部门缺少定期沟通交流机制，缺少专门的对接人员，资源共享不及时，政策上重视形式，解决实际问题的力度不够。

家庭教育指导服务尚不能满足多样化需求，供给不平衡。学校主导的家校共育活动常从学校自身组织的角度出发，指导服务不能有效满足多样化、个性化的群众需求。社区家长学校和公共服务机构等供给服务主体是短板，与群众的服务需求有较大差距。上述调查显示，现有的服务和人民群众期待间存在显著差距：社区家长学校服务过的家长仅占 18.82%，而期待接受社区家长学校服务的家长占 52.36%，二者差距较大；专业心理机构服务过的家长占 7.47%，而对比服务有期待的家长占 38.5%，二者差距较大；妇儿中心、青少年活动中心、图书馆等公共服务机构服务过的家长占 21.4%，而对比服务有期待的家长占 51.7%，差距为 30.3 个百分点。[②]

针对困境儿童家庭的教育公共服务资源相对匮乏。针对典型困境儿童，如心理危机、父母离异、游戏上瘾、休学在家等方面的儿童，对其的家庭教育帮扶机制尚待完善，迫切需要政府提供兜底服务。学校、社区、相关公共服务供给单位普遍缺少持续稳定的家庭教育公共服务经费支撑。

四 对策建议

一是加强联动，建立部门间常态化信息沟通和资源共享机制。由区妇儿工委牵头统筹，定期召开与家庭教育服务相关的部门的联席工作会议，统筹

---

① 数据来源：《2022 年宝安区家庭教育公共服务需求调研报告》。
② 数据来源：《2022 年宝安区家庭教育公共服务需求调研报告》。

协调各部门家庭教育促进工作，及时解决家庭教育事业发展过程中的实际问题，制定和完善区级层面指导家庭教育的相关制度和文件。建立健全各类家长学校的交流合作、信息共享、资源互补的工作机制，推进学校教育、家庭教育、社会教育相互配合和协同发展。

二是建强街道家庭教育服务站。加强街道家庭教育服务站建设，发挥好街道家庭教育服务站在街道层面的统筹、协调、链接资源的作用，指导、支持社区家长学校常态化开展服务，使家庭教育资源深入社区。街道党委（办事处）需定期听取辖区家庭教育工作开展情况汇报，协调资源解决家庭教育指导服务工作当中遇到的问题，发挥家庭教育在社区基层治理中"春风化雨"般的育人作用。

三是建设好社区家长学校。以现有保护工作队伍和现有社区家长学校工作队伍等现有人员为基础，统筹现有社区家长学校工作联动机制，开展相关工作人员专业能力提升专项培训，逐步完善督导评估等工作机制，多途径丰富社区家庭教育公共服务产品，常态化开展亲子活动、学习社群、个案服务，让居民享受到家门口的优质家庭教育服务。

四是丰富家庭教育服务产品。各相关部门丰富完善家庭教育课程，建立家庭教育"必修课"体系，为家长（包括准家长）提供必修课服务，将家长应知应会的基础性孩子成长规律知识、家庭教育理念和基本方法传递给家长。多途径为广大家庭提供"选修课"，建设线上学习平台，为宝安区家庭提供丰富多彩的家庭教育"选修课"。培育规范的家庭教育指导服务市场，引导专业人士和专业机构提供多元化内容，满足家庭多样化教育指导服务需求。

五是加强经费保障，将家庭教育指导服务建设经费纳入财政预算。加大财政投入力度，支持学校幼儿园、社区家长学校、各类公共服务机构，推进开展家庭教育专题研究、服务人员队伍建设和培训、服务产品研发和课程资源购买等，提升家庭教育指导服务整体质量。

深圳宝安区社区家长学校
学习社群建设报告

陈梅胜　陈怡婕　钟文婷*

摘　要： 深圳市宝安区妇女儿童服务中心克服社区家庭教育工作队伍力量薄弱、经费少、服务零散现实困难，以家庭教育实际需求为导向，组织家长学习积极分子，培养家庭教育推广人，引导广大家长结伴互助，组建形式多样的学习社群。以体验互动、寓教于乐、就近便捷为原则，设计、推广家庭教育学习活动，推动社区营造"家长组团互助，孩子结伴群育"氛围，进而提升社区家长学校的凝聚力和服务能力。

关键词： 宝安区　社区家长学校　学习社群　家庭教育

一　基本情况

　　社区家长学校是家庭教育指导服务体系的基础组成部分，是家庭教育公共服务"最后一公里"节点之一。深圳市宝安区妇联一直重视社区家长学校建设工作，2017年出台《宝安区"1+10+124"妇女儿童服务体系实施方案》，2019年出台《关于进一步规范宝安区"妇女儿童之家"建设的若干意（试行）》，2023年出台《深圳市宝安区家庭教育指导服务体系标准化建设工作规则》，这些文件均对社区家长学校建设工作提出具体要求。

---

　　* 陈梅胜，深圳市宝安区妇女儿童服务中心家庭工作部部长，中学高级教师；陈怡婕，深圳市宝安区妇女儿童服务中心家庭工作部职员；钟文婷，深圳市宝安区尚德社会工作服务社初级督导，社会工作师。

宝安区妇女儿童服务中是区妇联直属事业单位，在区妇联领导下开展区域妇女儿童服务和家庭教育工作。2016 年以来，通过项目赛事、供需对接、全流程管理服务等，挖掘、落地和培育一批优质妇儿公益项目，探索妇女儿童服务项目化运作路径。2019 年开始社区家长学校项目化运作尝试，面向全市专业社会组织，招募社区家庭教育类项目，落地到社区家长学校，探索社区家长学校服务质量提升的路径。

《中华人民共和国家庭教育促进法》出台后，宝安区妇女儿童服务中心确立了"家长组团互助，孩子结伴群育"社区家庭教育工作目标，探索社区家长学校学习社群建设。学习社群以需求为导向，以家长喜闻乐见的家庭教育活动为抓手，通过一批家庭教育推广人培育项目，凝聚关注孩子成长的家长学习积极分子，引领他们结伴互助，提升家庭教育水平，把社群学习能力留在社区，延伸社区妇联工作手臂，提高社区家长学校的服务效能。

二 社区家长学校的现实困境

目前社区家庭教育指导服务阵地普遍依托社区党群服务中心设立，配备了专兼职的人员，也通过多种渠道提供了家庭教育指导服务，但实际效果有待提升。

1. 社区家庭教育工作人员身兼数职，专业能力弱

社区妇联系统工作人员、心理咨询师、社工是社区家长学校学习社群建设工作队伍的核心人员。目前宝安区基本实现一个社区配备一名妇联主席、一名妇干、一名心理咨询师、一名婚姻家庭社工的目标，他们构成社区妇联工作核心队伍，但队伍成员都基本身兼数职，同时兼任社区其他诸多事务。社区部分心理咨询师、社工有一定的家庭教育指导能力，但对照家庭教育指导服务要求，目前这批人员总体上专业能力不足，且流动性大，对于社区家长学校常态开展服务活动"心有余而力不足"。

2. 家庭教育服务没有明确的专项经费

根据走访调查了解，目前社区可开展家庭教育服务的经费主要来自社区

"民生微事实"项目和少量社区妇联活动经费，因为没有明确专项经费，家庭教育服务经费存在不确定性、不稳定性，难以保障社区家长学校服务活动的系统性、延续性、常态化。

3.服务供给和家长需求存在不匹配情况

宝安区全区有 124 个社区，常住人口有 448 万人，[①] 服务群体庞大，家庭教育服务需求层次不一，现有的有限服务供给与家长的多样化需求不匹配，家长最希望接受家庭教育指导服务的内容和社区指导者认为家长最需要接受的指导服务内容存在一定的差异。

三　主要做法及成效

1.引入"社群"学习概念，社群化开展社区家庭教育学习

为了共同的兴趣爱好而走到一起的人群，一起学习，一起就某个话题共同交流，这样的人群就是学习社群，这样的学习方式就是社群学习。传统的社区家长学校服务活动中，参与学习的居民是临时招募而来，处于零散状态。在开展社区家长学校服务的过程中，我们发现家长不仅仅希望得到单纯的知识，更希望能把学习的知识有效地嵌入自己的认知体系和实际行动中，在学习与实际运用间架起桥梁，做到知行合一。围绕社区家长感兴趣的家庭教育具体问题，组建家长学习社群，通过线上线下多种方式的交流学习活动，营造"家长组团互助"氛围，非常符合社区家长学校服务需求。

2020 年 9 月，区妇女儿童服务中心业务团队在新安街道海富社区、新桥街道万丰社区围绕情绪管理、亲子沟通等家庭教育内容，结合区妇女儿童服务中心"宝妈成长在线"学习平台资源，以线下工作坊、线上打卡问答等灵活的方式，开展社区家长学校服务活动。在线上线下互动中，家长们共同探讨育儿话题、交流育儿经验，充分调动家长学习的热情，将社区的家长凝聚成学习社群。在这个阶段的探索过程中，居民积极反馈，学习热情高涨。

---

① 数据来源：《深圳市第七次全国人口普查公报》。

2. 开发符合社区家长学校场景的项目，培养社区家庭教育学习领头人

培育孵化社区家庭教育学习社群，离不开"关键人物"。区妇女儿童服务中心业务团队在开展社区家长学校服务的过程中，努力培养一批热衷于家庭教育学习、热心于公益传播的社区家长，从切合社区家长学校场景、切合家长需求出发开发系列家庭教育赋能项目，培育学习社群领头人，培养社区家庭教育力量。

2021 年至今，区妇女儿童服务中心业务团队先后引进并优化了一系列不同主题的社区家庭教育活动领头人培育课程，从理论学习、技能操作、实践提炼三个维度提升学习社群领头人的家庭教育水平和社区家庭教育学习活动组织能力，培育了一批涵盖亲子阅读、亲子活动、亲子游戏力、书籍领读、父母教养等不同内容专题的学习社群领头人。

"户外亲子活动指导师"赋能项目，分为户外运动、自然教育、亲子阅读三个模块共 24 节课程，通过课程设计与现场观摩体验相结合的形式发展家庭教育活动领头人，持续督导赋能，指导家庭教育活动领头人实践。该主题项目在社区、学校共开展了 4 期，培育了 169 名家庭教育活动领头人，实践开展亲子活动近 50 场。他们以轻松愉悦的方式，让居民感受到身边的家庭教育服务。项目总结并印制了《户外亲子教育指导师培训讲义》《户外亲子教育指导员培训讲义》，帮助家庭教育活动领头人学有所依，用有所据。

宝安区"游戏力"亲子种子师资工作坊，按照"学中做，做中学"的行动学习理论，采取游戏力体验式与实战型培训模式，融课程学习、课程打磨、课程实践为一体，让参与学习的居民成为"有理念、有督导、有实践、有总结"的家庭教育活动领头人。该项目共开展 3 期，培养了 92 名家庭教育活动领头人，他们开展游戏力种子课程实践 80 余次。项目以《宝安区游戏力种子师资培养计划》操作手册为基础，定期为活动领头人提供赋能支持，形成了强有力的种子师资专业发展成长支持系统，带领社区父母子女"玩中学、学中玩"，让他们轻松获取家庭教育知识和技巧。

"爱宝心安"家庭教育社群学习项目，采用引导技术与家庭教育导师双师授课方式，在交流家庭教育原理和技巧的同时，引导学员反思自省，致力于把有一定基础的居民、志愿者和社区工作者，培养成为家庭教育社区学习领头人，辐射带动社区居民持续学习，打造社区家庭教育互助支持网络。项目从"观念、知识、技能、实践"四个维度，每期有 8 次课程，每周一次。截至目前共开展 2 期，每场学习都坚持参加的家长学员有近 80 人。"爱宝心安"培养出的优秀领头人，学以致用，辐射带动社区学习，影响更多居民，学员分享"每日所学"260 天次，组织近 50 场家庭教育的社群活动。

除此之外还有"康乃馨阅读妈妈"梯级课程、家"友"好书线上领读社群等不同主题的社区培育课程，同时融合"宝妈成长在线""社区家长学校视频号"等线上学习平台，助力学习社群领头人的持续成长，让他们在提升自己的家庭教育水平的同时，具备参与社区公益服务能力。

3. 充分激发家长互助能量，延长社区家长学校服务手臂

学习社群领头人来自社区、成长于社区、服务于社区，这批居民参与上述课程学习后，积极参与社区家长学校的亲子活动和学习社群工作。他们在社区妇联的组织下，成为社区家长学校的得力助手，发挥了三个方面作用。

一是社区家庭教育服务需求的调查员。他们协助社区妇联联系社区家长，调查、汇集居民服务需求，为社区家长学校的选课、服务内容选择提供决策依据。区妇女儿童服务中心于 2021～2022 年开展的社区家长学校示范创建活动中，建设了以亲子活动、学习社群两种形式为主的社区家长学校课程库，列出家庭教育服务菜单，24 个试点社区家长学校每月从课程菜单中选课，选课流程是社区居民代表（学习社群领头人）对照课程菜单（每月约 50 个选项）提出选课需求，社区妇联根据需求在排课系统中提出申请，对接师资到社区家长学校开课。试点项目开设近 400 场次的社区家长学校课程，服务近 1.8 万人，这些课程的设置都按学习社群领头人参与选课的方式执行，大大提升了社区家庭教育服务精准度。

二是社区家长学习活动的服务员。在社区开展的家庭教育服务活动过程中，社群领头人协助社区工作人员开展学员招募、活动现场组织、线上活动交流等日常服务工作。上述社区家长学校示范创建活动中，试点社区家长学校服务趋于常态化，社区工作人员组织活动的工作量剧增，社群领头人的参与、居民学习社群化，大大减轻了社区工作人员的工作量，提升了社区家长学校服务质量。

三是社区家庭教育的指导员。经过培训的学习社群领头人，已经具备初步的家庭教育指导能力。其中的积极分子目前已经活跃在社区家庭教育志愿服务的前沿。这批学习社群领头人已自发组织亲子户外活动、亲子游戏力活动、亲子读书会、好书领读会等群众性家庭教育自助服务活动，辐射宝安区全部 10 个街道近一半社区，累计服务达 10000 人次。

外来务工人员子女家庭教育报告

——以龙岗区外国语学校（集团）爱联小学为例

刘 聪*

摘 要： 本文旨在深入探讨龙岗区外来务工人员子女家庭教育的现状、存在的问题及其影响，并结合龙岗区外国语学校（集团）爱联小学实践分析在外来务工人员子女家庭教育方面取得的成效。经实地调查与访谈，发现外来务工人员子女家庭教育面临忙于生计无暇顾及、教育方法单一易走极端等问题，导致孩子产生自卑、逆反心理，增加了教育难度。基于上述原因，学校采取了多种形式为学生补充心理营养，如开展多彩活动培养学生自信心等，取得了显著成效。本文的研究不仅有助于提升外来务工人员家庭教育的质量，也为相关教育实践提供了有益的参考。

关键词： 外来务工人员 家庭教育 学校实践 心理营养

随着改革开放的深入推进和城市化进程的加速，深圳吸引了大量外来务工人员。截至 2022 年 7 月底，深圳全市就业人口规模达 1248.01 万人，其中异地来深务工人员达 997.1 万人，占有相当大的比重。① 第七次全国人口普查结果显示，龙岗区的常住人口从 2010 年的 188.44 万人变为 2020 年的

---

* 刘聪，龙岗区外国语学校（集团）爱联小学副书记。

① 中国财富网：《深圳：多举措推进来深务工人员融入城市发展》，2022 年 12 月 20 日，https://baijiahao.baidu.com/s？id=1752729703104637005&wfr=spider&for=pc，最后访问日期：2024 年 5 月 12 日。

397.9万人①（见图1）。这些外来务工人员为城市的发展作出了巨大贡献，但他们的子女在家庭教育方面却面临着诸多问题。本文以龙岗区外国语学校（集团）爱联小学为例，从深圳市龙岗区外来务工人员的角度出发，深入剖析其子女家庭教育的现状、存在的问题及其影响，并结合我校实践总结在外来务工人员子女教育方面取得的成效。

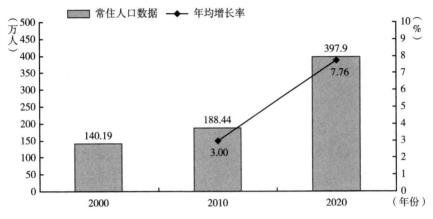

图1　2000~2020年龙岗区常住人口情况

资料来源：龙岗区第七次全国人口普查结果。

一　外来务工人员子女家庭教育现状分析

外来务工人员的家庭生活及其交往范围的局限性会对其子女造成影响。外来务工人员的家庭成员的生活空间相对狭窄，家庭居住条件较差，提供的学习设施也相对简陋，许多孩子难以拥有独立、安静的学习空间。且外来务工人员的劳动时间都比较长，劳动强度也较大，每天回到家里后几乎很少有精力再去过问孩子的学习情况。

同时因其本身受教育程度的局限，相对滞后的思想观念使得他们在子女

---

①　数据来源：《龙岗区第七次全国人口普查公报》。

的教育问题上易走极端。部分家长期望自己孩子以后有较稳定的职业、有较高的经济收入，以改变自身的生活状况，但自己的文化素质不高，教育方法简单，手段严厉过激，非打即骂。部分家长认为自己只有养育孩子的责任，只要让他们吃好、穿好、住好就行，对子女的学习、品德等方面却不闻不问，放任自流。孩子在学习方面更多的是依靠学校教师，由于缺乏家庭方面的引导，许多孩子对学习兴趣不浓。孩子学习上遇到困难时，家长们不但无法给予支持，反而批评、指责、否定。

外来务工人员从事的多是收入低、工作量大、工作时间长的工作。他们生活普遍比较艰难，生活情况同中心城相对富足的居民相比有较大差距。这让他们难免会产生失落感，进而产生自卑心理。受成长环境与家长的影响，孩子也往往会产生很隐秘的、不易被察觉的自卑感：有的孩子遇到不懂的问题，不愿意或者不敢向老师请教；有的则将自己封闭起来，不愿意参加课堂互动；有的孩子当学习效果不佳时，易产生厌学等负面情绪，甚至逃学。同时，家长们往往又很希望自己的孩子学习成绩好，从而升入好的学校，为自己争气，对子女有着过高甚至是超出孩子能力的期望。但他们自身又缺乏家庭教育知识，无法对孩子进行正确的引导与教育，再加上平时忙于生计，缺乏与孩子的心理沟通，也不懂得如何有效地进行沟通。故有些家长将"棍棒底下出孝子"奉为圭臬，一旦孩子犯错或是成长过程中出了什么问题，家长们总是用简单粗暴的方法解决：轻则呵斥辱骂，重则大打出手。还有的家长对自己的子女关心得很少，认为自己的任务就是挣钱给子女上学，把孩子的教育完全交给老师。常有家长这样说："老师，孩子我交给你了，你帮我多教导他（她），我们是说不动他（她）了。"种种原因综合在一起，使得这些孩子更容易产生逆反心理。即便老师想要与这些孩子的家长反映问题，讨论解决方法，多数家长也不会采取科学的教育方式，难以得到期望的结果。

二 龙岗区外国语学校（集团）爱联小学给予外来务工人员子女的支持与关怀

1. 通过开展多彩活动培养学生自信心

外来务工人员的孩子中缺乏自信心者占很大比例，针对此种情况，学校开展诸如淑女节、君子节、跳蚤市场义卖、体艺节等丰富多彩的活动，通过提供让学生登台唱歌、演讲、讲故事、朗诵等能够展示自己特长机会的平台，来锻炼学生的胆量，增强学生的自信心，让性格内向的学生在尝试中突破心理障碍，树立自己的自信心。

2. 借助"课堂明星表"为学生补充心理营养

外来务工人员平时忙于生计，和孩子缺乏心理沟通，孩子们往往缺乏心理营养，这需要老师更有爱心，耐心去感化教育这些孩子。我校将"肯定、欣赏、赞美"融入每天的校园日常。每一节课都至少有三名学生被老师欣赏，并把他们的名字写到"课堂明星表"上。全校教师都参与到育心工作中来。通过老师们多元化、过程化、多维度的欣赏关注，学生更自信、更积极。班主任老师工作中也做到了更全面地了解学生的特点，更有效地与家长沟通，更精准地帮助到需要特别关爱的孩子。孩子们每一节课都享受学习和成长的乐趣。

3. 借助"美好一天记录表"培养习惯

引导学生从"课堂明星表"的他律转向自律的"美好一天手册"也是我校帮助孩子养成良好习惯的重要举措。班主任老师引导学生每天欣赏自己的三个优点，让学生在自我欣赏的过程中不断强化自己能做到的部分，变批评比较为自我正向引导，强化欣赏和肯定，弱化表扬与批评的比较，满足学生自我实现的心理需求。用这样的方式引导孩子养成良好的行为习惯，是对孩子的帮助，也是对家长的帮助，具有深远的社会意义。

在活动与课堂之外，我校教师也特别注重在生活细节中对学生进行鼓励，比如，一个赞许的眼神、一句热情的鼓励、一次和蔼的谈话，甚至是拍拍孩子的肩膀之类的亲切的动作，都能有效缩短师生间的心理距离。在孩子们的生活方面，教师们也予以帮助和指引，这进一步地消除孩子们恐惧、自卑的心理，进而主动地向教师吐露心迹，敞开心扉地亲近教师，乐于接受教师的教育，从而建立起深厚的师生情谊。

三　为家长提供家庭教育指导

1. 提供丰富的学习资源

学校德育部门、年级组成立特别关爱小组，针对个别需要特别帮助的孩子和家长，每天定时推送相关学习内容给家长，定期与家长面对面交流，定期与孩子沟通。我校绝大多数班主任在家长会上能够针对情绪管理、家庭之爱、学习能力、过度教养、权利边界等方面的问题为学生家长提供可操作的行动指南，帮助家长透过问题表象，以科学的理念指导教育行动。在家庭指导帮助和服务之下，家长们有了新的变化，学生也随之发生了改变。在发挥教师的核心引领作用的同时，学校还努力巧用资源，借力发展。借助龙岗区家庭教育指导中心这个强大的平台，不断为家长朋友们推送线上学习微课程、好文章。同时做好一年级家长始业课程，每周开设一次幸福家校活动，组织教师、家长认真听讲，积极分享学习收获。

2. 开展多种学习活动

我校教师的好学、用心和付出也吸引了社会力量的支持，很多专业的家庭教育导师纷纷给予我校热情无私的帮助，为家长提供更多元的支持和指导，为家长赋能，助孩子成长。每周开展一次家长成长工作坊，每周两次家庭教育读书沙龙，每日觉察日记分享，每天直播答疑，每周三次育心课堂，每学期8~10次幸福家长学校课堂……各类活动按计划有序开展，为家长们做全方位家庭教育指导服务。

3. 提供个性化家庭帮助

关注有特殊需求的家长，提供情绪管理、自信培养、人际交往、亲子沟通、建立界限、表达艺术、优质陪伴等专题的线下体验式指导。通过角色扮演、游戏体验、雕塑呈现、观看视频等多种方式让家长站在孩子的角度去感知孩子的感受，帮助家长了解孩子的世界，以同理心回看自己与孩子相处的点滴，从而让家长更尊重孩子，积极回应孩子，正确地引导和陪伴孩子。

四　助力家长改进家庭教育方法

1. 阅读活动引领家长重视家庭教育

家庭阅读是指在家庭范围内进行的阅读活动，是区别于其他阅读的一种阅读活动。在倡导全民阅读，建设书香社会的环境下，家庭对孩子的阅读教育的观念有所提高，孩子普遍具有较强的阅读意愿，但也存在一定的问题，如家长没有正确的家庭阅读教育观念、家长本身阅读意愿不强等，从而导致家长无法正确帮助孩子解决在生活、学习上出现的各种问题，进而会产生一系列的家庭矛盾。

我校以阅读活动作为学校教育和家庭教育有机结合的契合点，作为教师指导家庭教育和学生成长的抓手，通过开展各类家校阅读活动，为家长提供专业的阅读指导和家庭教育方案，让家长体验亲子阅读的重要性和方法，提升家庭教育的能力。以此让家庭教育和学校教育互相补充、相互促进，为学生心理健康发展提供必要的前提和基础。因为家长在与孩子共读、共赏、共品、共悟的过程中，亲子关系会更加融洽。

2. 教师引导家长发掘孩子的闪光点

在线上家长群中，有的教师组织家长接龙欣赏孩子的优点；有的教师每日分享一位学生进步的故事，引领家长们一起将肯定、欣赏、赞美的心理营养源源不断地输入到孩子心里，让孩子们越来越喜欢学校生活。不少家长向学校表达感谢，来校交流学习的老师们也感叹学生们的变化——越来越有礼貌，越来越充满活力和朝气，课间越来越有秩序，课堂学习也越来越投入。这一系列的具体的教师行动帮助孩子们快乐成长的同时，也提升了外来务工人员的家庭幸福感。

五　总结

家庭教育是一切教育的基础，学校教育是家庭教育的延续，社会教育是家庭教育和学校教育的升华，我校以一核两翼共育模式，让三种教育力量形成合力，让教育影响叠加融合。关注"美好的生命"理念引领家庭成长，它从最初的一束光，到现在逐渐成为我校师生、家长心中的一份信仰。一篇篇感悟分享，一条条感恩信息，一个又一个因父母改变而越来越有活力的孩子，这一切都是我们行动的力量源泉！星星之火，可以燎原，全校已有几百位家长加入学习成长的队伍，越来越多的孩子因此而受益。我们愿意继续探索适合外来务工人员子女的教育方法和策略，尽人民教师的一切力量帮助孩子们幸福成长，帮助这些孩子的家庭掌握正确的教育方法。

深圳家庭教育中提升孩子学习力的关键性方法探索

曾景林*

摘　要：　本文通过对相关的中外文献进行综述和分析，结合深圳十余年一线教学实践经验，探讨深圳家庭教育实践中提升孩子学习力的关键性方法。本文认为，深圳当下的家庭教育中，存在着教育方向有偏差，家庭教育质量不均衡、家庭教育方法与技巧不足等问题。家庭教育中对孩子学习成绩的影响因素主要体现在家庭环境、家庭教育方式、家长教育水平和家长的教育态度等多个方面。在提高孩子学习成绩和学习能力方面，家长应该采取积极的家庭教育方式，包括提供学习资源、建立良好的学习氛围、鼓励孩子独立思考和解决问题、培养孩子的学习习惯和技能等。本文的研究结果有助于家长更好地了解家庭教育对孩子学习成绩的关键影响，为家庭教育中提升孩子学习力提供科学的指导方法。

关键词：　深圳　学习力　家庭教育

　　学习力包含学习动力、学习能力、学习方法等方面，学习力关系到个人的成长和发展，也是个人在未来社会中保持竞争力的关键。提升学习力是涉及多个层面的综合教育过程，除了学校教育，家庭教育在提升孩子学习力方面扮演着至关重要的角色。高质量的家庭教育，通过提供积极的支持和适当的指导，能够有效帮助孩子提升学习力和学业成绩。笔者持续关注学生学习

---

　　*　曾景林，青少年学习顾问，教育自媒体博主，研究方向为青少年学习力提升。

力提升与家庭教育之间的密切关系，通过多种实践引导父母在家庭教育中积极行动，参与帮助孩子提升学习力，取得了相当不错的成效。本文探究深圳范围内家庭教育中孩子学习力的现状，结合相关文献资料和理论，为深圳家庭教育中帮助孩子提升学习力提供科学指导。

一 现状与问题

深圳市是超级学习型城市。深圳市拥有丰富的教育资源，包括线上平台、社区活动、专业讲座等，这些资源有助于孩子获得多样化的学习体验。越来越多的家长参与到孩子的学习生活中，通过陪伴学习、共同完成项目等方式，增强了孩子的学习动力和兴趣。深圳市公办教育体系也非常注重教师队伍的学习力提升，通过教师引导、班会传导、家校联动等方式帮助孩子高效学习、快乐学习，从学习动力到学习方法，全方位帮助孩子提升学习力，实现学习效果的自然提升。然而，深圳快节奏的生活和信息环境的发展，也让深圳大多数家庭在培养孩子学习力方面存在一些问题。

（一）教育目标存在偏差

教育目标分为长期目标、中期目标和短期目标。深圳当下家庭教育中很多父母在教育方向上存在一些偏差，尤其是在教育目标方面普遍存在两个误区。一个误区是关注当下的多，思考未来的少。这很有可能在未来给孩子带来不良影响，这也是教育滞后性特征的表现之一。另一个误区是关注成绩多，关注技能少，对孩子的学习成绩过度焦虑，从而忽视了从学习动力出发，激发孩子学习兴趣，帮助孩子提升学习能力。

深圳的经济发展速度，以及相应的竞争环境，都让深圳的家庭格外重视教育。但深圳公办学校学位紧张，导致大部分家庭过分重视考试成绩，从而忽视了学生的全面发展。部分家庭把学习成绩当作衡量学生好坏、是否有前途的重要甚至唯一标准。这些教育方向上的偏差，导致家庭教育的培养方式和行动均产生了不少偏差，以至于很多家庭的孩子学习力低下，学习动力严重不足，甚至产生厌学心理，影响了其未来的发展。

（二）学习力培养质量不均衡

深圳市虽然拥有丰富的教育资源，但是优质教育资源的分配并不均衡。一些优质学校资源集中在某些区域，而其他区域则相对较少。① 这种不均衡的现象可能导致部分地区的家庭教育质量高于其他地区。据光明区家庭教育发展报告显示，光明区的家庭教育总体比较薄弱，许多家长的家庭教育理念陈旧，家庭教育专业知识和技能薄弱。② 类似情况，都有可能会导致家庭教育质量在不同家庭之间存在差异。深圳各区家庭经济水平及父母受教育程度并不均衡，这也造成了家庭教育质量的不均。家庭教育质量的不均，直接导致了在家庭教育中对孩子学习力的培养质量不均。

（三）教育方法和技巧不足

虽然越来越多的家长意识到家庭教育的重要性，但仍然有很大部分家长没有足够的时间和精力参与孩子的成长和学习，与孩子缺乏有效的沟通和互动，在家庭教育方面没有掌握科学的理念和技巧。例如：不知道如何培养孩子的自主性和责任感，不会处理亲子关系中的矛盾和冲突；教育方式单一，没有做到因材施教，盲目滥用打击式教育；父母言传多、身教少，未能充分发挥家庭环境的熏陶教育优势；教育内容功利化，忽视全面发展，缺少创新精神培育等。③

家庭教育方法和技巧不足，也会带来相应的一系列问题：孩子的心理健康和情感发展受到影响；孩子的综合素质和创新能力不足，能力培养不足以

---

① 数据来源：《深圳市教育事业发展统计公报（2022）》。
② 数据来源：《光明区家庭教育发展报告（2023）》。
③ 人民智库：《家庭教育质效提升，家长的认知、困惑与期待》，2022 年 8 月 19 日，https://baijiahao.baidu.com/s? id=1741603737611978547&wfr=spider&for=pc，最后访问日期：2024 年 5 月 12 日。

适应社会的变化；孩子的责任感不强，自主能力差，没有形成良好的生活习惯和学习习惯等。这一系列的问题都会导致孩子整个学习系统的断裂，对孩子学习力的提升造成潜在的负面影响。

二 具体方法和实践

本文试图探索家庭教育中对孩子学习产生积极影响的重要因素，为父母帮助孩子学习进步提供指导性建议。通过对中外文献进行综述和分析，结合实证研究，以及在实际教学中的实践经验总结，笔者总结可供参考的方法如下。

（一）提升父母的认知水平

父母的认知水平对孩子的学习成绩有着显著的影响，父母认知水平越高，孩子的学习成绩越好。

因此，在帮助孩子提升学习成绩的过程中，父母应该不断提高自己的认知水平，为孩子提供更好的教育环境和教育资源，帮助孩子发展良好的认知能力，在家庭教育中帮助孩子有意识地培养元认知能力。

父母提升自己的认知水平可以帮助他们更好地了解孩子的成长和发展，从而更好地引导和帮助孩子。具体该怎么做呢？结合文献资料的分析，笔者认为可以从以下几个方面入手。

阅读与学习。阅读和学习是提升认知水平的基本的和有效的方法之一，与孩子一起阅读学习，是进行认知交换和共同提升的一个非常好的手段，可以让父母更深入地了解孩子的学习和成长，从而提高自己的认知水平。父母在不断学习和阅读的同时，已经在言传身教地给孩子提供学习和阅读的指导，当孩子爱上学习和阅读的时候，孩子自身的认知水平也会提高。

培养多个兴趣爱好。我们给孩子培养多个兴趣爱的同时，也可以亲自参与到学习兴趣的培养中去。由此，不仅可以深入地了解孩子的兴趣所在，也能提升自己对兴趣培养的认知，进而帮孩子保持好兴趣爱好与课堂学习的平衡。例如，父母可以有针对性地培养音乐、绘画、书法等艺术类兴趣，既可以与孩子的学习兴趣同步，也可以提高自己的认知水平。

参加专业培训。父母可以参加专业的培训课程，如认知心理学、教育心理学、教育管理等，从而提高自己的专业知识水平。这些培训课程不仅可以帮助父母更好地了解孩子的教育和成长，还可以提高父母的教育水平和能力，改变旧有的落后的教育方式，运用科学的方法帮助孩子建立学习成长系统。

（二）营造良好的学习环境

学习环境对孩子学习成绩有着重要的影响。学习环境包括家庭、学校和社会三个方面。研究表明，在学校里，教师的教学方法、教学设备、学校氛围等因素会影响学生的学习成绩。[①] 但随着家庭结构与教育环境的变化，孩子在家庭中的时长也在不断增加，更多学习过程是在家庭环境中完成的，因此，家庭环境的营造对于孩子学习成长的作用也越来越明显。

1.家庭文化的建设

家庭文化的建设，有利于在家庭中构建正能量循环圈，让孩子早立志、早进学，培育出正确的价值观。中国一直是重视传承优秀传统文化的国家。家风建设和家庭文化建设，一直备受重视。营造优秀的家庭文化必不可少，具体可以从以下几个方面入手。

树立正确的家庭价值观。正如企业的价值观决定着企业的发展高度及未来方向，家庭的价值观建设是家庭文化建设的重要组成部分，同时也是家庭文化的基石，可以通过父母制定、共同商讨的办法确定，并通过家庭成员之间的言传身教、交流互动来不断强化。

促进家庭成员之间的情感互动。家庭成员之间的情感互动是家庭文化的核心，日常生活中，成员彼此关心、尊重、支持。通过情感互动，建立起家

---

① 陈婧怡、张健：《学习环境与广东省小学生学业成就的关系》，《教育研究》2017年第2期。

庭互动文化。

培养家庭成员的责任感和自我管理能力。家庭成员的责任感和自我管理能力是家庭文化的重要组成部分，在家庭活动中，要有意识地培养家庭成员之间的分工合作意识，比如，可以对家务、家庭娱乐、家庭会议等活动的开展进行合理分工，彼此协作，构建良好的家庭责任文化，加强孩子的自我管理能力。

2. 家庭氛围的营造

什么样的家庭氛围才能帮助孩子成长？答案是积极、温馨、稳定的家庭氛围。在这样的家庭氛围中，父母之间互相尊重、关爱，家庭成员之间情感联系紧密；生活安定融洽，没有大的变故或不和谐的事情发生，孩子的生活环境相对稳定；有知识有学习，家庭中有书籍、音乐和其他文化艺术品，家长重视孩子的学习，为孩子提供学习的环境和资源，鼓励孩子探索新知识和技能，让他们充满生活的活力和热情。

要想营造这样一个和谐健康的家庭氛围，家长可以按照以下方法去行动。

建立良好的沟通方式。父母应该与孩子保持开放、真诚的交流，让孩子感受到自己被尊重和理解。父母应该通过不断学习，提升语言的亲和力和表达技巧，通过各种方式给予孩子充分的支持和鼓励，让孩子感受到自己的价值和能力。同时，父母也应该注意避免对孩子过度保护或指责，让孩子学会独立思考，提高解决问题的能力。

设计家庭活动。父母可以通过设计家庭活动，结合家庭成员的共同的兴趣爱好，在活动中促使家庭成员之间互动，增强家庭凝聚力。不过要注意的是，在家庭活动中要避免争吵和冲突，让家庭成为一个充满爱和支持的温暖空间。

制定健康的家庭规则。父母应该与孩子一起制定家庭规则，规则制定完成，父母要起到榜样作用，在日常生活中严格执行，让孩子明确自己的责任和义务，同时也增强家庭成员之间的互相尊重和信任。

（三）学习习惯的培养

学习习惯是指学生在学习过程中形成的一种行为方式和思维方式，它对学生的学习成绩有着显著的影响。优秀的学习习惯，是学习力量的一部分，对学生学习效果和学习质量的影响都非常大。父母在家庭教育中通过有意识培养孩子良好的学习习惯，提升孩子的学习动力、自我管理能力，提高孩子学习力。

1. 独立自主的学习习惯

当学生拥有独立自主的学习意识，能够自我规划、自我管理、自我评价时，学习成绩的提升自然不是问题。家庭教育中，父母尤其要注意培养孩子的独立自主的学习习惯，通过父母认知的培养和家庭氛围的营造，以及对孩子学习习惯的管理，帮助孩子养成自主学习的意识，形成自主学习的能力，帮助孩子有效地安排学习和生活，使其能够独立自主地客观评价自己的学习成果和表现，从而不断改进自己的学习方式和方法。

家庭教育中对孩子独立自主的习惯的培养，具体该如何实施呢？首先，就是着重去培养孩子的独立自主意识：鼓励孩子自己去思考和探索问题，让孩子养成自我决策、自我探究和自我发现的习惯。其次，就是要培养孩子的自我管理能力，比如，教孩子制订学习计划和时间表，让孩子学会管理时间和任务，培养孩子自我约束和自我控制的能力。最后，在生活中，鼓励孩子积极参与讨论，鼓励孩子对事情提出自己的想法和观点，比如对自己的学习情况的自我评价，以及对热点事件的看法和观点。这个过程能够让孩子提高自我意识和自我评价能力，培养孩子的创新思维和创造能力，让孩子在学习中获得更多的乐趣和成就感。

2. 阅读和表达的习惯

阅读和表达是提高孩子语言能力的有效途径。大量的阅读，可以拓宽孩子的知识面，帮助孩子更好理解和消化所学知识，从而更好掌握知识。阅读习惯的养成是需要从小开始的。表达的习惯，包括敢于沟通、谈论，表达自己的看法，无论是通过口语还是文字的形式。表达习惯的养成也不是一蹴而就的。阅读和表达习惯的培养，可以提升孩子的自信心，让孩子产生内驱力，帮助孩子提高学习成绩。

家庭教育中阅读和表达的习惯培养可以通过以下方式进行。

为孩子提供丰富的阅读材料。购买各种各样的书籍，让孩子有更多的选择，可以根据孩子的年龄和兴趣爱好选择适合的书籍，激发孩子的阅读兴趣。

设置家庭阅读时间。在家庭中设置阅读时间，让孩子有一个固定的时间段来专注于阅读，它可以是每天晚上或周末等时间段，以便让孩子习惯于阅读。家长也可以陪伴孩子阅读，尤其是低龄段的孩子。与他们一起讨论书中的内容，可以增加孩子对阅读的兴趣，对培养阅读习惯至关重要。

给孩子表达的机会。在生活中给孩子提供表达自己意见的机会，例如家庭会议、餐桌讨论等，让孩子有机会表达自己的想法，锻炼表达能力。同时，鼓励孩子写日记，让孩子记录自己的生活感受，让孩子有机会表达自己的情感和思想，提高写作能力。

奖励孩子的阅读和表达行为。家长可以给孩子制订阅读和表达计划，并在孩子完成计划后给予适当的奖励，例如口头赞扬、小礼物等，激励孩子坚持阅读和表达的习惯。

学习习惯的培养，对于提升孩子的学习成绩至关重要。但需要强调的是，家庭教育中，家长对孩子良好学习习惯的培养需要作长期准备，习惯的养成，任务艰巨但必须坚持到底。

（四）学习能力的培养

习惯的养成与能力的养成密不可分。习惯养成的过程中，当我们重复某一行为时，神经元之间的突触连接就会不断增强，这使得我们作出该行为时更加自然和熟练。这种增强的连接在大脑中形成了一个稳定的神经回路，这个回路被称为"习惯回路"。习惯回路的形成需要时间和重复，但一旦形成，它就持续很长时间。当我们反复练习某项技能时，这些神经回路会被不断加强，从而形成了长期的记忆和技能。学习能力的培养并非一蹴而就，需要在长久的学习过程中逐渐形成、加强并内化。尤其是记忆和注意力，不仅是学习力的最底层能力，也是最关键的能力。

1. 记忆力：学习的基础能力

记忆力是大脑编码、存储和回收信息的能力，它是学习过程中不可或缺的一部分。学习依赖于记忆力来保持和利用新的知识，记忆力强的人通常能更快地学习新事物，因为他们能更有效地存储和回忆信息。儿童的早期发展阶段，特别是 3~4 岁这一阶段，是孩子心理发展的重要阶段，也是记忆力形成的萌芽阶段，这个时候开始对孩子进行记忆力训练是非常有益的。如果忽视了早期孩子记忆力的培养，那在孩子此后的学习过程中再加以长时间的训练，也同样十分有利于孩子学习力的提升。

记忆力强还能促进孩子的学习兴趣和思维力，为孩子的未来学习和生活打下良好的基础。因此，虽然记忆力的培养可以在任何年龄进行，但越早开始训练，孩子的记忆力发展潜力越大。当然，这样的训练应当是适合孩子的年龄且富有趣味性的，这样才能激发孩子的兴趣。

2. 注意力：高效吸收的关键

注意力是指个体有意识地集中精力，对某个特定的目标或任务进行关注和处理的能力。这种能力涉及选择性、持久性、分配性、转换性和控制性等方面。注意力的范围非常广泛，主要包括：感知注意力、知觉注意力、认知注意力等。在教学过程中我们发现，学生粗心、错写漏写、听课效率低下，与视觉和听觉注意力的深度、广度密切相关。因此，家庭教育中，父母不仅要关注孩子专注力的培养，更要通过技能型的培训，提升孩子的注意力。

通过一些专门设计的训练游戏，可以提高孩子的注意力。例如，进行瑜伽和冥想训练后，孩子的注意力和情绪调节能力得到了显著提高。此外，亲子互动也可以帮助儿童提高注意力，改善学业表现。例如，父母与孩子针对某个话题集中注意力进行相关的讨论，可以显著提高孩子的注意力，改善学习的表现。

三 实践成果与进一步探索

学习力的培养是一个系统性工程，需要综合考虑多个方面。学习力的培养旨在全面提升个体获取、吸收、转化和应用知识的能力。学习力不仅仅是智力或记忆力的问题，它包含了学习动力、学习能力和学习方法等多个维度。同时，它还受到家庭环境、学校文化、社会氛围等外部因素的影响。因此，学习力培养这项系统工程需整合家庭、学校和社会资源，形成合力，构建一个全面且动态的支持系统。

笔者遇到过很多孩子，他们的学习成绩较差，大部分都是学习力较差导致的。只要通过系统化地设计个性方案，形成全面的支持环境，就可以帮助他们重拾信心，逐步提升学习力，进入爱学习—会学习的正循环。

确定方案后，接下来就是寻找适合的方法：集中进行2~3个月的视听注意力训练，以及冥想等相关的专注力训练。通过一些专门设计的训练游戏，帮助提高孩子的注意力。例如，让孩子进行数学训练的游戏。瑜伽和冥想训练帮助孩子提高注意力和情绪调节能力。当然，记忆力和注意力的提升也需要长时间的训练才会有效果，所以方案的最终效果也需要3~6个月才能呈现出来。

此外，家庭氛围的营造及孩子的睡眠管理，既能提升孩子的睡眠质量，也有助于孩子记忆力的提升。睡眠可以促进大脑海马区神经元的活动，从而促进记忆的形成和保持。家庭饮食中，富含多种维生素和矿物质的饮食也可以促进神经元的生长和修复，从而提高记忆力。同时，让父母在生活中多去鼓励孩子充分发挥自己的想象力，鼓励孩子利用想象力进行记忆，利用生活中的碎片化时间和亲子互动时间锻炼孩子的听觉注意力。比如，可以让孩子把需要记忆的知识点想象成一个故事，这样可以帮助孩子更好地记忆。当然，也要留给孩子足够的时间，来练习相关技巧，不要期望孩子快速提升注意力和记忆力，能力的训练是持久战，越训练越能培养出强大的能力。

笔者通过学习力提升的长期实践探索，总结出一套学习力提升的金字塔模型（见图1），可以为大部分孩子的学习力提升方案提供有效参考。在此金字塔模型中，良好的亲子关系对孩子的学习力提升起着基石作用，家长应该重视家庭教育的质量和方式，与学校和社会形成教育合力，为孩子的学习和成长创造良好的条件和环境。家庭教育不仅可以影响孩子的学习动机、学习兴趣和情绪状态，还可以帮助孩子全面提升学习能力，促进孩子的长远发展。当以良好的亲子关系为基础的家庭教育构建完成后，就来到学习力培养的第二阶段，也是最重要的能力形成阶段：孩子的学习思维、执行能力的培养阶段。金字塔顶端的记忆方法、思维导图、笔记方法、阅读技巧等具体的方法技巧则是第三阶段需要重点去帮助孩子培养和训练的。

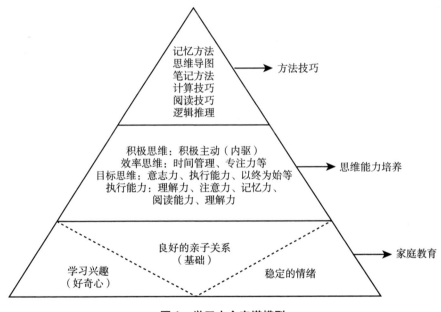

图1　学习力金字塔模型

通过前文的论述以及笔者总结的学习力金字塔模型，可以看出，学习力的培养是一个与生理和心理相关联的系统工程，认知能力、元认知策略、情绪管理能力、学习方法技巧、学科规律探索等，都是学习力整体提升的侧面。经验方法的总结为实践提供指导，实践的过程又为经验方法的总结提供具体的依据，学习力的探索就是这样一个实践与方法相互依赖、促进的过程。

本文通过对相关的中外文献进行综述和分析，结合了当前深圳大部分家庭教育存在的误区，重点探究在家庭教育中可操作性强、对孩子学习力提升具有关键性影响的一些方法。笔者认为家长应该采取积极的家庭教育方式，不断提升自己的教育认知，帮助提升孩子的认知水平和元认知能力，创造良好的学习氛围，加强家庭文化建设，提供学习资源，通过鼓励孩子独立思考和解决问题培养孩子的学习习惯，提高孩子的记忆力、注意力等学习技能。希望本文的研究有助于家长更好地了解家庭教育对孩子学习成绩的影响，为家庭教育中帮助孩子提高学习力提供科学的指导方法。

话术力量：构建积极亲子关系

张 雯[*]

摘 要： 本文通过对心理咨询实例的统计分析与总结归纳，探讨了话术如何在构建亲子关系中起到重要作用。亲子关系是家庭教育中的关键因素之一，直接影响着孩子的健康成长。文章首先介绍了不当话术在亲子交流中的五种形式，并分析了其对亲子关系的负面影响。随后，阐述了如何利用恰当话术，对亲子关系进行积极塑造，并提供了实际应用示例进行解释。最后，本文总结了恰当话术对亲子关系的积极作用，并提出了一些社区和学校层面的实操建议，以提升家长的话术能力，促进亲子关系的健康发展。恰当的话术在亲子关系中具有重要作用，对于建立和谐、积极的家庭教育具有不可忽视的意义。

关键词： 亲子关系 话术 家庭教育

亲子沟通是家庭的教育功能在亲子关系中的作用机制，[①] 也是许多家长在家庭教育中面临的挑战之一。亲子关系质量直接影响着孩子的健康成长。而亲子交流话术，即家长与孩子沟通时所使用的特定语言、技巧和表达方式，作为影响亲子关系的关键工具，正是本文将要深入探讨的内容。

---

[*] 张雯，国家二级心理咨询师，深圳市心灵之语心理咨询中心创始人、督导师。
[①] 雷雳、王争艳、刘红云、张雷：《初中生的亲子沟通及其与家庭环境系统和社会适应关系的研究》，《应用心理学》2002年第1期。

一　不当话术及其给亲子关系带来的负面影响

不当话术指的是在亲子交流中，家长使用的那些不恰当、不利于孩子健康成长与亲子关系的语言表达方式。不当话术在亲子交流中屡见不鲜，它们往往是破坏亲子关系的直接原因。

2022年一项针对上海某中学亲子关系现状的调研报告①显示，父母方面对亲子沟通的现状认知与孩子方面对亲子沟通的现状认知，存在较大差异。例如，在孩子犯错时，只有2%的家长认为自己对孩子"一味指责"，而有14%的孩子认为父母对自己"一味指责"。调查认为学生对父母的批评比较敏感，同时也十分看重父母是否能耐心对待自己。可见，在交流内容一致的情况下，话术的不同导致亲子沟通呈现出不同的面貌。那么，不当话术是如何破坏亲子沟通，乃至亲子关系呢？

在近4年的心理咨询实践过程中，我们调研了522个因为亲子沟通不畅而产生亲子关系问题的家庭，总结出以下五种常见的不当话术。

命令式话术：家长采用带有强制性和命令性的语言方式，要求孩子必须按照家长的意愿或指令去做事，不给孩子表达意见或选择的机会。如"你必须立刻去做作业！"或"你不能出去玩，先收拾好房间！"

贬低式话术：家长使用贬低、否定或嘲笑的语言来评价或描述孩子的行为、能力或价值，给孩子贴负面标签，如"你真笨""你永远都做不好这件事"等。

威胁式话术：家长使用带有威胁或恐吓意味的语言来迫使孩子遵从指令或改变行为。如"如果你再不听话，我就不要你了"或"你不好好学习，将来就只能去打工"。

情绪勒索式话术：家长使用带有情绪色彩的言辞或手法，来迫使孩子产

---

① 上海市第五中学微信公众平台：《润物细无声 沟通巧心思——亲子关系现状调研报告》，2022年9月28日，https：//mp. weixin. qq. com/s/llF6_ riIbnOT-mx6f6OuQA，最后访问日期：2024年4月8日。

生各种负面情绪，例如挫败感、罪恶感、恐惧感。为了减少这些不舒服的感受，孩子可能会顺服家长的要求。如"我这么辛苦还不是为你好，我还会害你吗"或"你真的把我气死了，你还想怎么样？"

冷暴力式话术：家长不理会孩子的情绪与需求，采用漠视的方式回应孩子，使孩子主动发起的沟通被迫中断。例如，孩子想给妈妈分享一件学校的趣事，妈妈回应："你作业写完了没有？"

根据以往咨询案例总结，以上不当话术将直接导致以下五种负面影响。

降低交流意愿。孩子认为，无论自己怎么努力，都无法得到家长的认可和支持，失去与家长交流的意愿。

增加亲子对立的可能性。当孩子感受到言语攻击时，产生反感和叛逆心理，使得双方难以在平等和尊重的基础上进行沟通。

降低信息传递的准确度。家长由于情绪激动而说出一些偏激的话，孩子则因此误解或忽略家长的真实意图。

降低关系的深度与亲密感。孩子因为受到指责和贬低而掩饰自己的真实想法，敷衍家长，使得亲子关系缺乏深度与亲密感。

助长不良沟通习惯：孩子模仿家长，反过来伤害家长，使得双方更加难以进行有效的沟通。

综上所述，不当的沟通话术将对亲子关系产生不同程度的负面影响，产生不容忽视的破坏性。然而，在履行教育职责的过程中，家长也必须以某种形式施加影响，表达不同的观点和见解。为此，构建和采用恰当的话术在亲子沟通中显得至关重要，对亲子关系的和谐稳定具有深远的影响。

二　恰当话术的特点及其应用实例

在进行心理咨询的过程中，我们发现，咨询师教授并与家长共同演练恰当的沟通话术，可使86%的来访家长在前2次咨询之后能与孩子进行比以往有效的沟通，96%的家长在前5次咨询之后自述与孩子之间的亲子关系有了明显改善。根据本机构的课程"孩子心理成长陪伴师养成记""沟通教程——职场、亲子、婚姻中的自我提升方法"的学员反馈，有92%的受访学员在练习了课程中的沟通话术后，与孩子之间亲子关系得到明显改善。可见，恰当话术在改善亲子关系方面有优良的效果。

恰当话术指的是在亲子交流中，家长使用的合适的、利于孩子健康成长与亲子关系的语言表达方式。根据大量咨询经验，恰当话术主要由以下四个要素组成。

尊重的态度。家长用尊重孩子的感受、观点和意见的方式进行对话，不轻易施加批评或指责。

适当的催眠暗示。家长在沟通中采用催眠暗示的方式，起到引导和教育的作用。

有效的回应。家长对孩子的话语进行深度的理解，在求证后予以回应，以回应孩子语言背后的意图和情感需求。

克制的表达。父母在表达自己的情感与观点时有所克制，语气较为自然，及时停止无效对话。下面举三个例子进行具体说明。

例一

13岁，女孩，上中学后喜欢和浓妆艳抹的人一起玩，自己也开始偶尔化很浓的妆。妈妈看了很不放心。

在一个轻松的场合，妈妈以比较轻松的语气说："妈发现你最近跟那个XX关系挺好的，你看我女儿都这么优秀，我女儿交的朋友肯定也错不到哪去啊，给妈说一下她哪里优秀呗。"

认可孩子说的朋友的优点后，妈妈说："我那天看到她化很浓的妆，现在小女孩化妆妈妈也是认同的，爱美之心人皆有之嘛。不过妈妈觉得要是化得稍微淡一点，能够更显示出你们年轻的美。可能每个人审美观念不一样，你怎么看这个问题？"

在孩子表达自己的想法后，妈妈认可孩子的回答，笑着说："可能是妈妈老了，以为只有妈妈这个年纪要遮皱纹才化浓妆呢。妈妈有点跟不上时尚了。"女儿听了并没有反感，并且没有再化浓妆。

话术分析

1. 孩子青春期交友是比较敏感的话题，家长与孩子沟通时很容易激发彼此的抵触情绪。这里家长尊重孩子，跟孩子站在统一战线上，在此基础上进行沟通。

2. 此话术采用"认同+说理+征求意见"的方式，既照顾到了孩子的情绪，也以温和的方式表达了自己的想法，最后留白给孩子思考。

例二

17岁，男孩。父母是律师，希望孩子能学法律，但他喜欢服装设计，自己找好了机构。父母觉得这不符合孩子的人生规划，苦口婆心劝："我都是为你好！以你的性格来讲，也很适合这个行业，我们做一辈子的律师，有很多的资源可以帮到你，让你以后少走弯路。"孩子被激怒，砸东西、离家出走。

夫妻两人都冷静后，妈妈发信息给孩子，先道歉："妈妈不应该打击你的积极性。应该先听你说完，让你讲出你的想法。"再站在孩子的角度陈述："你肯定也想过走律师这条路，有现成资源，但是每个人有自己喜欢的东西，妈妈没有顾及你的感受，执意给你安排，这让你难受。妈妈知道你的感受，妈妈也年轻过、反叛过，想自己做主，妈知道你现在很气愤。你有选择的权利，你已经长大了，你知道什么对自己最有利，我们的确不应该过多干涉。"

过了一个小时，孩子回来了，回来以后爸妈当什么事也没有一样，迎上去给孩子吃的，并且当面道歉，孩子没吭声。过了一周时间，孩子给妈妈说，帮忙分析一下这两个职业的发展，自己也在网上找了很多的资料。

话术分析

1. 当父母已使用不当话术让孩子情感受伤时，家长本着尊重孩子、推进沟通的原则，宜及时道歉。

2. 道歉公式：道歉+共情+引导孩子把不良情绪放在有限的时间段+暗示+把选择权归还给孩子。此话术既安抚了孩子的情绪，拉近了亲子间的距离，也能引导孩子理性选择，不因为故意叛逆而作出不明智的决定。

例三

12岁，男孩，平时在自己房间闭门不出，与爸妈不沟通。有次出来在客厅拿了个橘子吃，并没有理会一旁的妈妈。

妈妈："宝贝儿，妈妈有点口渴，你拿了个橘子可以给我分一点吗？"

当孩子给妈妈分享后，妈妈马上很轻松地表扬："妈就知道你本来就想拿给妈妈吃，妈妈知道我们家宝贝就是特别善良，有什么好吃的总是记着妈妈，谢谢宝贝！"孩子听了之后"嗯"了一声，进入房间。一段时间后出来主动给妈妈递橘子吃。

话术分析

1. 家长明确提出需求，并使用征求性的、求助式的语气时，孩子能获得主动施助的立场，也拉近了彼此的距离。

2. 及时催眠暗示孩子：他是爱家人的，并非平时表现得那么冷淡。潜移默化培养孩子的优秀品质。

以上场景展示了家长在不同场合下灵活运用的恰当话术，它能够使家长在亲子沟通之中达到较好的效果，从而促成更为健康和谐的亲子关系。

在本机构的咨询实践中，"适当的催眠暗示"是四个恰当话术原则中家长最易实际操作、最快速起效的一个。催眠暗示通过激发积极预期，潜移默化地塑造着亲子关系的走向，此即"罗森塔尔效应"在亲子关系中的体现。青少年思维敏捷、善于接受外界信息，但自我同一性尚在形成中，易受催眠暗示的影响。父母可以利用催眠暗示来巧妙地激发孩子内在的潜能和信心，让他们相信自己能够克服困难、取得成功，创造积极的自我实现预言。

三　恰当话术对亲子关系起到积极作用

统计近四年的咨询记录，共有 522 组家长向我们提供了恰当话术的反馈，并报告了其在不同层面上对亲子关系产生的直接促进作用。他们普遍表示，在采用了恰当话术之后，亲子关系得到了显著的积极改善。具体报告情况有如下几点。

激发交流意愿：家长通过使用积极、鼓励性的语言，让孩子感受到了自己的努力和进步得到了认可和支持，从而更加愿意与家长分享自己的想法和感受，建立更加亲密的亲子关系。98% 的家长报告了这一作用。

减少对立，增进和谐：家长使用恰当话术，能有效地缓解亲子之间的对立和冲突，增进双方的和谐与理解。在避免情绪化的攻击和指责后，孩子的叛逆心理得到化解，从而更加愿意与家长合作。90% 的家长报告了这一作用。

提高信息传递的准确性：家长通过使用正向、明确的语言，表达自己的意图和需求，让孩子更好地理解并回应；同时，家长也更准确地了解了孩子的内心想法。96% 的家长报告了这一作用。

加深亲密关系：家长在倾听和理解孩子的内心需求后，普遍倾向于使用更加细致、温柔的方式与孩子交流，让孩子感受到家长的关心和支持，有助于建立更加紧密的亲子关系。88% 的家长报告了这一作用。

培养良好的沟通习惯：家长在示范积极、正面的沟通方式后，孩子同步地学会了如何有效地表达自己的想法和感受、如何理解并尊重他人的观点和需求，从而形成了良好的亲子关系。86% 的家长报告了这一作用。

综上所述，恰当的亲子交流话术对于促进亲子关系具有显著的积极作用，有助于增进家长与孩子之间的理解与沟通，从而为家庭教育提供更加科学有效的指导。

四　小结与展望

话术在促进亲子关系构建中扮演着关键角色。通过巧妙地运用恰当的话术，家长能够更有效地与孩子进行沟通，从而建立起积极健康的亲子关系。所以提高家长话术能力还需要得到更广泛的重视。以下两点实践性建议，希望有助于话术的普及与发展。

一是组织定期的社区亲子讲座与工作坊。邀请专业人士或教育专家为家长们讲解恰当话术的重要性及其使用技巧。亲子工作坊则可以为家长与孩子提供一个演练话术的平台，在专家的指导下减少不当话术的使用，增加恰当话术的应用，解决生活中交流问题。

二是学校定期举办家长课堂。将话术培训纳入家长教育内容中。通过案例分析、角色扮演等方式，让家长们了解并学习如何运用恰当话术与孩子进行沟通。充分利用社会资源，邀请校外专业心理机构的擅长处理亲子问题的成熟心理咨询师，进校开设家长心理课堂，借助咨询师丰富的实践经验，帮助家长在亲子交流问题上"避坑"。

以上两点建议，可以更有效地推广话术知识，提升家长的话术能力，进而促进亲子关系的健康发展。同时，这也需要社会各界共同努力，形成全社会关注亲子沟通、重视话术运用的良好氛围。

陪伴在家庭教育中的作用

摘　要：　家庭教育既是关乎个人和家庭福祉的"家事"，也是关乎国家和民族命运的"国事"。家庭教育是社会进步的基石，良好的家庭教育让孩子受益终身。当下家长对孩子成长的极度焦虑已成为社会广泛关注的话题。但是在家庭教育的实践中，多数家长的认知还停留在 30 年前的思维模式中，忽略了孩子综合能力和社会适应能力的培养。微观察是优质教育的根本，高效陪伴是基础，"伪"陪伴是伤害。本文通过对上述现象以及实际案例的分析，解密"伪"陪伴，对如何通过微观察提高家庭教育效能提出建议。

关键词：　陪伴技巧　微观察　机窝法则　家庭教育

孩子的成长离不开父母或其他监护人的养育和陪伴。同时，教育成功是有成长时间轴和关键按钮的。

中国国民心理健康发展报告调查结果表明：学生群体心理健康问题日益突出且呈低龄化趋势，24.6%的青少年被查出抑郁；其中重度抑郁的比例为7.4%，高中生抑郁检出率为40%，初中生抑郁检出率为30%，而小学生的抑郁检出率为10%。大多数重度抑郁的孩子，跟父母零沟通、跟社会零接触、创造零价值。最令人痛心的是，教育出这样的孩子的父母对此却是零感知。[1]

---

* 王友红，爱德教育创始人、家庭教育指导师、心理咨询师、深圳中小学校园心理健康辅导员。
[1] 参见傅小兰、张侃主编《中国国民心理健康发展报告（2021~2022）》，社会科学文献出版社，2022。

然而，正确的陪伴方式并不仅仅是围绕在孩子身边，而是要把握好孩子成长的时间轴、关键时期的关键教育。

一　解决困惑问题

1. 不同年龄阶段孩子的特点

随着孩子年龄的增长，家长的认知也要与时俱进。从幼儿到青少年，孩子的每个阶段都有独特需求。对 0~3 岁的孩子，重点培养其安全感、认知能力与智力发展；对 3~6 岁的孩子，重点培养其良好习惯和健全的性格；对 6~12 岁孩子，激发其学习兴趣和潜力；对 12~18 岁孩子，引导其树立正确的人生观和价值观。家长应顺应孩子成长的变化，根据不同年龄给予其恰当的引导与支持，把握其成长时间轴，优化家庭教育，让孩子茁壮成长，绽放独特光彩，成为有责任感、有担当的社会栋梁。

教育孩子不仅仅是时间的投入，更强调对孩子进行微观察，了解孩子心理发展特征，倾听孩子内心世界的声音，理解他们在每个年龄阶段都有独特需求，建立与孩子良好的情感联结，培养他们的自信心、独立性和社交能力。如何在忙碌的工作和生活中，用正确陪伴方式让孩子自主成长，已成为深圳许多家长和陪伴者关注的焦点。总之，深圳家长爱孩子的意愿足够但爱孩子的能力不足，很多家长爱孩子却不懂孩子。

2. 对沟通困惑的指导

当家长存在沟通方面的困惑时，首先要保持冷静与耐心。要认识到沟通是双向的，要尊重孩子的观点和感受。尝试站在孩子角度来理解他们的想法，用温和、平等的方式开启对话，积极倾听并给予回应，为良好沟通奠定基础。

有一个家长，是宝安区一家企业的高管。但面对儿子成长问题和沟通问题，深感焦虑与无助，父子关系特别紧张，以致影响他的工作和家庭生活。经深入了解后，笔者给了他"21 天优点发现法"。通过两个多月运用——每天发现孩子身上一个优点，孩子愿意跟他沟通了，对他敞开心扉，而且越来越自信！他们的关系好了，孩子的成绩也提高了，现在家庭氛围特别和谐。他感慨地说："倾听和赞美的重要性，用心发现孩子的优点是亲子关系中最基本的能力。"

3. 亲子陪伴中的问题

陪伴是最好的教育，孩子在成长过程中，需要有成年人的陪伴和指导，这种陪伴不仅仅是提供知识和技能的传授，更重要的是建立起亲密的关系，培养孩子的情感、社交和道德素养。通过陪伴，孩子能够感受到父母的关爱和支持，建立自信和安全感，从而更好地发展自己的潜能和个性。因此，陪伴被认为是最好的教育，能够为孩子全面发展提供最有力的引导和支持。当下家长看似都在陪伴孩子，但这种陪伴更多的是"伪陪伴"。

"伪陪伴"指的是一种表面上看起来像是在陪伴孩子，但实际上家长或陪伴者并没有真正投入精力和孩子进行交流互动的"陪伴"。

例如，很多父母看上去陪孩子度过了一个美好的周末或是陪孩子在儿童乐园玩了一天，但大多数孩子在自娱自乐，而父母则手机不离手；有的父母甚至把孩子交给培训老师了事，这就是"伪陪伴"。

现代生活确实离不开手机。笔者在罗湖某社区的家庭教育课堂上做过一次线下调查，有80%以上的父母在陪伴孩子时，存在玩手机或追电视剧的现象。笔者问她们，是孩子重要还是追剧更重要？大家异口同声地回答：当然是孩子重要。那么，作为家长，在陪伴孩子的时候，为什么还要玩手机？玩手机可以，但不能被手机"绑架"，更不能忽略孩子，把握好度才是关键。但是，在家长陪伴孩子时，过度使用手机可能会对孩子产生不良影响甚至严重后果。例如，在一些公共场所，许多父母在带孩子时，边走边看手机，这就是"伪陪伴"。

笔者有一次在餐厅吃饭，对面是四口之家：爸爸、妈妈、奶奶和一名六七岁的男孩。妈妈拿起菜单点菜，奶奶看抖音，爸爸在追剧。菜都上齐了，爸爸拿着筷子一边夹菜一边追剧。一顿饭过去，这位父亲全程没有跟老人、爱人和孩子互动过一次。这位父亲的行为根本不是亲子陪伴。

在公交车上、地铁上，我们经常会看到各种"低头"家长在带娃。虽说是在带孩子，其实是家长在旁边玩手机，孩子自己在玩。"低头族"几乎成了深圳这个社会的一道"风景"。

在游乐园里，孩子在玩，而父母就会找一个非常舒适的环境看手机：坐着看手机、躺着看手机、靠在沙发上看手机，千姿百态；有的还围在一起打扑克。有的时候孩子来找家长要求一起玩，很可惜的是，几乎所有家长都是一副不情愿的表情。

在孩子成长的过程中，家长的陪伴和关爱至关重要。因此，建议家长在陪伴孩子时，尽量减少手机的使用，以免给孩子带来负面影响。

4. 如何事业家庭兼顾

家庭和事业是人的一生至关重要的部分。实现两者的完美兼顾，是许多人面临的挑战。这需要认真思考和积极探索。需要通过合理规划时间、有效沟通、明确二者的重要性，找到两者的平衡。有位女士向笔者倾诉自己的婚姻是"丧偶式"婚姻，家务活老公几乎不干。她说自己既当妈又要当爸，她还有喜欢的事业，但很难兼顾。笔者提议她参加"家庭教育指导师"职业技能的学习，她学后受益匪浅，在女性特殊时期运用了"示弱法"，不断地向老公发出请求信息，让老公在家庭生活中发挥重要作用，从给娃洗澡到送孩子上学，她老公越做越有成就感，也越来越感受到带娃的快乐，这位女士也越来越轻松，有更多的时间完成工作，事业越做越大，同时，也享受到家庭带来的快乐。

二　如何做好家庭教育

1. 学习心理学知识

心理学知识可以帮助家长了解青少年行为背后的原因，例如孩子会哭闹、发脾气或表现出特定的行为模式的原因。了解儿童的心理发展阶段，可以更好地满足他们的情感需求，给予其关爱、支持，让其有安全感。运用合适的方法来纠正不良习惯和行为。

家长学会帮助青少年应对生活中的压力和挫折，培养他们的应对能力和心理韧性，预防心理问题的出现。学习心理学知识，可以让家长不断提升自己的教育素质，更好地履行父母职责。

2. 家长学会"微观察"

"微观察"是一种细致、深入的观察方法，通常用于对微小事物或细节进行仔细观察和分析。强调关注细节、发现隐藏的信息，并通过对这些细节的研究来获取对孩子的自主发展路径更全面、更深入的理解。

微观察需要耐心、专注和敏锐的观察力。它可以帮助我们发现平常容易忽视的细节，从而获得新的见解和发现，更深入地了解孩子真正的需求。

3. 避免"伪陪伴"

（1）专注当下，树立一个观念——手机是工具，不是玩具。全身心地投入与孩子的互动中，告别"伪陪伴"。

（2）一致性沟通法。与孩子进行有意义有效对话，对孩子需求给予积极回应。让孩子清晰觉察自己的感受、想法和期待，并真实地表达出来。对孩子的言行客观描述，不指责批判。家长明确表达自己的需求和希望，用平和而坚定的语气沟通，保持真诚开放的态度，积极倾听孩子的声音并寻求共识。

（3）用共同参与法参与孩子感兴趣的活动，比如，科学探索活动等，与孩子一起探索宇宙和大自然，与其共同学习成长。

（4）选择尊重孩子的兴趣和意愿，让他们有一定的自主权和决策权。

（5）管理情绪，保持积极的情绪状态，避免在孩子面前表现出消极情绪，给他们一个稳定和温馨的家庭环境。

三 在实践中的探索

1. 成立"家庭教育红星志愿服务女兵方队"

我们通过调研、策划，招募对家庭教育感兴趣的志愿者，在龙华区观澜街道找到了一大批巾帼志愿者骨干，超过 500 人。通过前期筛选、家庭教育系列专业知识培训、心理学、社会学方面持续 9 个月的线上线下打卡学习、团队督导和个人督导等方式，培养出 10 位种子选手。其中有研究生、企业高管、幼儿园老师，也有全职宝妈，对家庭教育的重要性的认知度非常高。她们顺利地完成了"家庭教育指导师"职业技能专业课程培训，拿到了职业技能证书。目前，这支家庭教育指导师志愿服务队组建了一支小分队，3人一组去各自社区开展家庭教育公益讲座，活动很受欢迎。目前，她们已经在观澜 5 个社区开展了 20 多场次家庭教育公益讲座活动，服务近 500 人。

为了赋能更多的退役军人家庭和困境家庭、问题家庭，成立了罗湖区"家庭教育红星志愿服务女兵方队"，参加广东省首届退役志愿服务项目大赛，为罗湖区退役军人打造"大爱罗湖·助力幸福"品牌作出了贡献。

为了扩大影响力，让更多的家长关注家庭教育指导，2024 年 3 月 3 日，"家庭教育红星志愿服务女兵方队"走出去，开展了"关注茶山留守儿童，助力乡村家庭教育"活动，帮助当地学生解决学习和生活中的困难，同时加强家庭教育。2024 年，利用黄贝街道退役军人服务站组织开展活动，宣传家庭教育。4 月 17 日，"家庭教育红星志愿服务女兵方队"还参加了莲塘街道退役军人服务站组织的"携手共育·温暖同行"家庭教育公益讲座活动，受益家庭近 100 户。当地社区居民反响热烈，获得了广大居民的广泛好评。目前，这支"家庭教育红星志愿服务女兵方队"正在各街道社区有序有效地、紧锣密鼓地进行各类志愿服务，包括对困境家庭、问题家庭、单亲家庭的调研工作。有多位志愿者表示，已决定把家庭教育当作自己人生"下半场"的新职业。助力青少年成长，让天下父母都能教出好孩子，这已成为罗湖"家庭教育红星志愿女兵方队"的新使命和新动能。

2.组建互助港湾

为了服务更多的家庭，专门成立了"爱德家长互助港湾"，主要针对三孩家庭、单亲家庭和特困家庭，免费为这些家庭提供家庭教育线上线下指导，周一至周五开展线上直播，分享 100 个家庭教育相关知识，解答家长们的育儿疑难问题。这为家庭幸福、孩子自主成长提供了新思路。居民有任何育儿方面的困惑，以及生活中的难题都能在互助港湾得到解决，有获得感、归属感、幸福感。居民常挂在嘴边的一句话是：学习家庭教育不是说家庭不出问题，而是出了问题以后可以科学、及时有效地解决问题。

3. 设立家庭教育咨询服务中心

为了帮助横岗街道怡锦社区更多家庭走出孩子教育的误区，让家长安心工作和生活，在横岗街道怡锦社区党群服务中心进行先行先试，由社会力量支持，挂牌家庭教育咨询服务点，开展一对一咨询服务。

4. 培养家庭教育指导师"种子选手"

为了实现罗湖区家庭教育全覆盖，罗湖区采取了以下措施。一是为罗湖区 81 个社区的党群服务中心培育 120 名家庭教育指导师"种子选手"，通过这批"种子选手"赋能每个社区。二是以预防为主，开展走进家庭一帮一对口普惠宣传活动。三是举办多形式的公益讲座活动，争创全国家庭教育志愿服务新标杆。

孩子的问题，一定是父母的问题。孩子的每一个行为的背后，都有个合理的需求。父母要走出教育的误区，要不断学习和提高自己的教育素养，优化教育方式，与孩子建立良好信任关系，营造和谐的家庭氛围，同时也要尊重孩子的个性和选择，给予他们适当的自主空间。与其说我们培养陪伴了孩子，不如说这个新的生命的到来，提高了我们对生命的认知，滋养了我们的人生。父母对孩子的影响是一生的，也是深远的。如果说，家庭教育是征途，那么，希望每个孩子的未来都是星辰大海。

学校教育篇

深圳市福田区创建全国义务教育优质均衡发展区研究报告

王 巍*

摘 要： 推进义务教育优质均衡发展是《义务教育法》的明确规定，是党中央、国务院作出的重大决策部署，是国家继实现"两基"[①]和"义务教育基本均衡"[②]之后又一重大民生工程，是满足广大人民群众对高质量教育需求的重要目标任务。福田区作为中心城区，土地资源紧缺，以全市4%的土地面积提供了全市10%的基础教育学位，针对大班额、大校额、教育资源集中等问题，福田区坚持以标准化推动基本公共服务均等化、普惠化、便捷化，以先行示范的标准和使命担当推进义务教育优质均衡发展。近日，福田区成为全国首批、全省唯一义务教育优质均衡发展区，为全国人口高密度的大城市中心城区推动义务教育优质均衡发展打造了福田样板。

---

* 王巍，深圳市福田区委教育工委书记，福田区教育局党组书记、局长，主要研究方向为基础教育改革与评价。
① "两基"：教育部提出的实现基本普及九年义务教育、基本扫除青壮年文盲的目标。
② "义务教育基本均衡"：2022年在义务教育全面普及的基础上，全国2895个县全部实现义务教育基本均衡。

关键词： 全国义务教育优质均衡发展区 福田教育 福田区

习近平总书记在党的二十大报告中，对教育工作作出全面系统部署，强调"加快义务教育优质均衡发展和城乡一体化"①，为福田区全力推动义务教育优质均衡发展提供了根本遵循。近年来，福田区深入学习习近平总书记关于教育的重要论述，认真落实党中央、国务院关于义务教育优质均衡发展的决策部署，2017 年，在全国率先启动义务教育优质均衡发展区创建工作，以先行示范的标准和使命担当全力推动义务教育优质均衡发展，以锐意创新的勇气和敢为人先的锐气，奋力打造"幼有善育、学有优教"的民生幸福标杆，擦亮"首善之区、首善教育"品牌。2023 年，福田区依次通过了义务教育优质均衡发展区市级、省级督导评估。2024 年 5 月，教育部公布2023 年义务教育优质均衡发展县（市、区）认定结果，福田区顺利通过评估认定，成为全国首批、全省唯一的义务教育优质均衡发展区，为广东省乃至全国人口高密度的大型城市中心城区义务教育优质均衡发展提供了"福田样板"。

一 背景与现状

福田区地处深圳市中心，是深圳市的行政、金融、文化、商贸、国际交往五大中心，属于人口密度高的大型城市中心城区，占地面积为 78.66平方千米，人口有 205.07 万人，义务教育阶段学校有 116 所，在校学生有171568 人，专任教师有11750 人。② 以全市4%的面积提供了全市 10%的基础教育学位，学校密度全市最大，学生密度全市最大，学位紧缺度全市最大。统筹推进义务教育优质均衡发展，福田区必须完成三大任务。一

---

① 《习近平著作选读》第1卷，人民出版社，2023，第28页。
② 深圳市福田区年鉴编纂委员会：《福田年鉴 2023》，中国文史出版社，2023，第20页。

是要破解三重难题：作为高度建成区，辖区可开发用地十分有限，没有足够空地建学校；新增学位需求居高不下，没有太多空间可扩容；作为深圳市的中心城区，辖区家长对优质教育期望值更高。二是要做到两个确保：不仅要确保辖区符合条件的儿童全部入读公办学校，还要确保让辖区儿童都能上"家门口"的优质学校。三是要突出优质当先：将加强学校内涵建设、提高教育质量、改进育人方式、发展素质教育作为中心任务，全面贯彻党的教育方针，聚焦人民群众所急所盼，真正把党中央、国务院对深圳"幼有善育，学有优教"的要求落到实处，全力打造区域教育高质量发展标杆。

二 措施与成效

（一）夯基础，以更高站位落实教育优先发展战略

福田区委、区政府将"创建全国义务教育优质均衡发展区"写入区委八届五次全会报告、区政府工作报告及区"十四五"规划等重要文件，坚持把"最好的地块、最优的资源、最大笔的资金"用在教育上，努力答好人民满意的"教育问卷"。

1. 全面统筹推进创建工作

成立创建工作领导小组和攻坚专班，由区长任组长，全区 28 个职能部门为成员单位，教育事项列入区委常委会和区政府常务会议，区委、区政府主要领导定期参加教育工作专项调研，全面构建协同推进、专班攻坚、责任包干、定期会商、结果反馈、挂牌督导等六大工作机制，形成了创建工作"全区一盘棋"，共同推进区域教育优质均衡发展的良好局面。

2. 全面保障教育经费投入

区财政优先投入教育，视教育为"最大的民生工程"，逐年增加教育经费预算，切实保障财政教育投入"两个只增不减"，确保义务教育生均经费开支居全市前列，为义务教育优质均衡发展提供强有力的经费保障。

3. 全面保障教育用地扩容

成立基础教育改革发展领导小组和重大项目建设教育分指挥部，坚持将学校建设作为公共设施配套的第一要务，城市更新项目实行"两个一律"，即对不将学校配套列为优先规划设计的城市更新项目一律停工，对不满足周边学校配套要求的城市更新项目一律不予审批，为义务教育优质均衡发展提供充足的教育用地。

4. 全面保障优质师资引进

区编制部门足额核定教职工编制，优先满足教师编制需求，通过定点招聘、社会招聘、高端选聘等多种途径引进国内外一流大学的高层次人才，优化教师队伍整体结构。教师队伍总体呈现出年轻化、素质好、能力强等特点，雄厚的师资力量为义务教育优质均衡发展提供了高质量的人才保障。

（二）重优质，以内涵建设作为创建工作的鲜明导向

福田区聚焦教育公平和高质量发展两大主题，强化优质带动、优势互补、资源共享，加快缩小校际办学质量差距，力争将全区所有学校打造成条件优、质量高、群众满意的"家门口"优质学校，让"福娃"们从"有学上"到"好上学""上好学"。

1. 推进集团化与合作办学，优化优质资源共享机制

一是全力推进集团化办学改革实践。引入全国名校、市属名校、高等院校等优质资源，成立 7 个中小学教育集团，覆盖超 50% 的义务教育阶段学校，通过优化集团化内部治理、创新集团化办学机制、激发集团化办学活力等举措，充分发挥名校的示范引领和辐射带动作用，增强薄弱学校造血机能和内生动力，形成"1+1>2"的强大办学合力，带动薄弱学校优质发展。二是整体提升城中村品牌学校水平。通过创建"城中村品牌学校联盟"，运用"教育共同体"模式，以"一体两翼"的大架构从软硬件上全面优化教育供给体系，通过改革模式、建校品牌、资源配置、教育服务 4 个维度，整体提升城中村学校的办学条件和教学质量，开创了全国城中村学校组团式共建先河。该联盟获评"深圳教育改革卓越奖""全国第六届地方教育制度创新

奖·优胜奖"。福田区编制的《城中村学校提升实施规范》作为深圳市地方标准发布。三是实施"大学区"战略。大学区联盟通过教师培训、集体备课、线上教研、线下赛课等学区教研活动，建立了"管理互通、研训联动、质量同进、五育共融、文化共建"协作机制，平衡大学区间的教育资源配置，实现辖区优质资源共建共享，促进教育公平，有效遏制了因优质教育资源不均衡所引发的"择校热"。

2. 开展课程改革实验，构筑课堂教学主阵地

在全市率先成立福田区教育科学研究院，推动新课程标准和课程方案的落地，以学科核心素养为依据，创建让学生在自主、合作、探究、展示、交流中彼此赋能的课堂新生态。2018年起，创建"课堂革命·福田表达"全国课堂变革展示平台，累计开展近100场活动，线上线下观摩人数超过1000万人，向全国输出课堂教学改革"福田方案"。2023年起，与教育部课程教材研究所共建"基础教育课程改革实验区"，制订"三年行动计划"，设立首批20所"领航学校"，探索并形成有中国特色、世界水准的基础教育课程体系。

3. 构建生命价值观教育体系，提升学生核心素养

创新开展生命价值观教育，实施培根铸魂"正心"工程，坚持不懈用习近平新时代中国特色社会主义思想铸魂育人，创新开展思政"5个100工程""国旗下书记、校长讲思政"等活动，把福田学生培养成拥有"四个自信"的好少年。实施阳光体育"强心"工程，完善学校体育"一校多品"建设，构建"1+2+N"体育特色项目体系，开展包含36类体育项目的校园体育联赛，打造"人人有项目、班班有活动、校校有特色、周周有比赛、月月有颁奖"校园体育新样态。实施心育护航"安心"工程，健全预防、预警、干预、转介"四级网络"，落实学生心理教育、心理筛查、干预疏导、转介治疗的闭环工作机制。实施家校共育"聚心"工程，探索"家庭教育+心理健康教育"的区域整体推进模式。实施引领未来"匠心"工程，开设音乐、美术、书法等200多门艺术类课程，建设56个音乐特色品牌项目和48个美术特色品牌项目。成立福田区劳动技术教育中心，开发七大类共 36 门劳动教育课程,把学生培养成为"主动参与,乐于探究,勤于动手,善于动脑"的新时代好少年。

4. 探索数字化赋能教育,激发未来发展动力

出台《福田教育数字化转型行动方案》,主动融入人工智能时代,率先布局推进教育数字化转型,与 35 家高科技企业合作共建 17 个 STEM 教育基地,在 40 所学校布局创新实验室。与中国教科院合作开展"全息未来教育云+端"项目研究,先后召开 8 场"全息未来教育云+端"项目观摩研讨课活动。高标准建设福田数字教育云网工程,面向所有学校提供资源、教学、治理、评价等云服务,实现优质教育资源、高效互动课堂的全覆盖。13 所学校成为教育部"基于教学改革、融合信息技术的新型教与学模式"实验校。

(三)破难题,以更大资源保障突破区域教育瓶颈

福田区持续深化教育供给侧改革,聚焦人口高密度的大中城市中心城区人多、地少、不均衡现状,采取系统规划、对内挖潜、向外扩展等方法,敢啃"硬骨头",敢打"攻坚战",全力以赴破解制约义务教育优质均衡发展的难题。

1. 破解"三个面积"不足难题

印发《福田区中小学校建设标准指引》,从建设规模、功能配置、空间利用、建筑标准等 4 个方面提出对标国际一流、因地制宜的 18 项措施,集约化建设"安全韧性、绿色低碳、开放共享、智慧智能、五育并举"的精品学校,确保"建一所,优一所"。实施校园优质均衡改造提升项目 126 个,优化校园空间布局,向外拓展运动场地,全面解决"生均教学及辅助用房""生均体育运动场馆""音乐、美术专用教室"面积不足难题。

2. 破解"超班额、超校额"难题

2019 年以来在全国首创学位供给"双十工程"。第一个"十"是指在短期内快速新建十所高科技预制学校,合计占地面积近 8.8 万平方米,采用全国领先的轻钢结构装配模式,将等量学位学校的建设周期从 3~5 年缩短

至半年，使短期内学位供给能力大幅提升；第二个"十"是指在中长期谋划新建十所高规格永久学校，合计占地面积近 14 万平方米。构建短期增量与长期提质有机结合的学位供给体系。

3. 破解师资配备不均衡难题

制定《福田区教育局全面深化义务教育学校校长、教师交流轮岗工作实施方案》，建立"福田区校长教师交流轮岗服务平台"，采取"师资配置三色标示法"，作为统筹安排交流轮岗工作和评价交流轮岗成效的重要依据。完善激励保障机制，健全以鼓励交流为导向的校长选拔任用、教师岗位聘任、评优评先等制度体系，提高校长、教师参加交流轮岗的积极性，使师资配备呈现优质均衡良好态势。

（四）建品牌，以特色发展厚植优质均衡内涵

福田区重点从教师发展、质量监测、"双减"工作、校园建设等方面蓄力赋能，前瞻性谋划教育变革思路，持续深化教育综合改革，打造教育品牌，加快构建更加公平、更高质量的义务教育发展新格局，促进每一位教师、学生在身心健康成长中发展核心素养。

1. 打造"大先生"品牌，塑造高质量人才梯队

创新探索"知事识人，序事辨材"调研机制，建立福田教育"重点人才库"，形成人才"能力数据画像"，绘制能优干部、优秀教师发展"路径图"。创新开展干部队伍"赛龙夺锦"活动，吸引 187 名符合条件的在岗教职工报名，以赛促学激活干部队伍活力，以学促用优化干部队伍结构，形成副校长储备人选，充实学校管理"人才库"。以教育家精神引领教育人才梯队建设，健全内容丰富、路径多元、成效显著的教师培训体系，建立"启航工程""续航工程""远航工程""领航工程""助航工程""赋能工程""活力工程"等七大工程，遴选首批 113 名未来教育家型校长、副校长和后备干部，155 名领军教师、示范型骨干和教坛新秀培养对象以及 2000 名新教师，开展系列研修学习，打造新时代立德树人的"大先生"。

2. 打造幸福教育品牌，开展义务教育质量监测

成立全国首个独立建制的区县级基础教育质量监测中心，打破行政与教研的壁垒，探索构建监测结果解读与督导整改的"督研协同"教育质量监测运行新机制。在全国率先自主开展区域"教育幸福感指数"测评，覆盖测试年级共 32436 名学生，更加科学评估福田教育幸福感总体水平。参考经合组织（OECD）国际学生评估项目（PISA）中幸福感测评相关题目，在区域教育质量监测中创新融入总体生活质量幸福感、与自我相关的幸福感、学校幸福感和校外幸福感等方面的 27 个相关变量，以系统测评指标为区域基础教育内涵式发展提供新指引。测评显示，福田学子整体幸福感领先国内一线城市，大部分学生生命意义感较强，且经常体验到积极情感。

3. 打造教育"双减"品牌，实现减负提质增效

建立区、校作业管理工作小组，分学段分学科发布作业设计与实施指导意见，在校园醒目位置设"作业公示牌"，鼓励教师布置分层、个性、探究等少而精的作业，实现作业数量、质量"双优化"。推行课后服务"1+1"模式，即 1 个课时指导学生完成作业，1 个课时组织学生开展校本课程，将课后服务课程与学校课程体系融为一体，全区共开设课后服务课程 7321 门，形成"一校多品"格局。在全市率先成立区教育局校外教育培训机构监管科，实施校外教育培训"三个三"监管模式，第一个"三"是"三化"，即数字化、规范化、清单化；第二个"三"是"三张清单"，即编制权责清单、政策清单、服务清单；第三个"三"是"三个一批"，即新增一批获得办学许可证的非学科类培训机构、推广一批数字人民币预付式消费的培训机构、培育一批规范发展的高质量校外培训机构。

4. 打造高品质校园品牌，实施新校园行动计划

实施"8+1"新校园行动计划，邀请知名建筑师主持设计 8 所中小学和 1 所幼儿园项目，针对深圳福田区集约土地、高密度的城市状况，通过设计管理体制创新，邀请优秀建筑师与教育界和社会各界密切合作，破解传统学校设计特色不足、利用率不高等问题，探索高密度时代新学校建筑类型的建构与空间创新，积极探讨校园空间设计和现代教育理念、地方生态环境、城市文化传统，以及社区健康发展之间的关系，集聚智慧再出发，在设计和管理上大胆创新，成功拓展了校园空间，为福田区打造出新一代校园建筑精品。其中，红岭实验小学以"高密度校园创新样本"入选"全球最佳建筑50强"。

三　启发与思考

作为全国首批、全省唯一的义务教育优质均衡发展区，福田区将以此次创建工作作为新起点，以教育先行示范者的使命与担当，全力打造"本真、适才、普惠、优质"的教育新生态，从以下四个方面着手，开启区域基础高质量发展的新征程，努力让每一个"福娃"享受更加公平优质的教育，拥有更加光明的未来。

1. 加强党对教育工作的全面领导

始终坚持党对义务教育的全面领导，全面贯彻党的教育方针，落实立德树人根本任务，强化为党育人、为国育才的教育取向，培养德智体美劳全面发展的社会主义建设者和接班人。不断完善党委统一领导、党政齐抓共管、部门各司其职的教育领导体制，持续推进党组织领导的校长负责制改革，健全发挥中小学党组织领导作用的体制机制，把党建工作作为办学治校的重要内容，发挥基层党组织作用，加强党员队伍的建设，使基层党组织成为学校教书育人的坚强战斗堡垒。

2. 扩大优质教育资源覆盖面

全面提高学校建设标准，加快在建学校的建设进度，推进现有学校改扩建进程，改善学校办学条件。加快集团化办学进度，通过优化集团化内部治理、创新集团化办学机制、激发集团化办学活力等举措，充分发挥名校的示范引领和辐射带动作用。加大对民办学校的扶持力度，派驻第一书记，加强党组织的领导作用，加强专任教师的建设，加强民办学校教师的培养培训，提升民办教育的办学水平。

3. 加大名师培养力度

进一步实施"大先生"培养计划，科学统筹自主培养与引进人才之间的关系，立足现有教师队伍，优化教师队伍结构，建设以区域内自主培养为主的机制。择优培育任用区域内的教师，提高教师培育的广度，拓宽成长空间，实现教师专业能力的进阶。形成科学合理的各层次教师队伍的梯队，发挥特级教师的引领作用，培养新时代的教育领军人才。

4. 深化课程教学改革

进一步建设"基础教育课程改革实验区"，坚持以人为本的教育观念，全面高标准落实国家新课程方案和标准，保障国家课程高质量实施，加大区域学校课程建设的统筹力度，深化课程改革、课堂变革和评价方式改革，建立素养导向的"福田好课"画像，绘制全学科知识图谱，构建综合化学习课程资源体系，探索人工智能与常规课程的深度融合，创新人才培养的"福田路径"。

心智障碍学生高中教育高质量发展报告

——以深圳元平特殊教育学校为例

曹 艳　曹思思*

摘　要：　心智障碍学生获得高质量教育是当前特殊教育发展的迫切需求。深圳元平特殊教育学校在"立交桥"职业教育发展模式基础上，探索出以升入高职为导向、以就业为导向和以社区康复为导向的三个发展路径，通过课程建设和教师专业发展促进高中教育的高质量发展，并在学生发展、教师发展和学校发展方面取得了阶段性效果。

关键词：　心智障碍　特殊教育　高中教育

习近平总书记在党的二十大报告中指出，要"加快建设高质量教育体系，发展素质教育，促进教育公平"，[①] 为我们指出了现代化教育的前进方向。2021 年 3 月，国家颁布的"十四五"规划提出要建立高质量的教育体系，推进基本公共教育均衡化。[②] 2021 年 12 月 31 日，国务院办公厅转发教育部等部门《"十四五"特殊教育发展提升行动计划》，这是在中国教育聚集高质量发展、阔步迈向现代化的大背景下，国家层面对"十四五"特殊教育事业发展作出的顶层设计和特殊安排，体现了新发展阶段党中央、国务

---

*　曹艳，深圳元平特殊教育学校党委书记，高级教师，研究方向为特殊儿童教育与特殊教育学校管理；曹思思，深圳元平特殊教育学校教师，东北师范大学教育学博士，研究方向为特殊教育学校课程与教学。

①　《习近平著作选读》第 1 卷，人民出版社，2023，第 28 页。

②　参见《中华人民共和国国民经济和社会发展第十四个五年规划和 2035 年远景目标纲要》。

院对特殊教育的高度重视和对视力、听力、智力、言语、肢体、精神、多重残疾以及其他有特殊需要的儿童青少年的亲切关怀，体现了国家办好特殊教育的坚定决心。2022 年 11 月，教育部颁布了《特殊教育办学质量评价指南》，提出加快建设特殊教育质量评价体系，全面提升特殊教育办学质量。心智障碍通常被认为包括智力发育迟缓、唐氏综合征、孤独症谱系障碍、脑麻痹及其他因素导致的智能与发展障碍。[①] 心智障碍学生获得公平而有质量的职业教育是特殊教育学校应承担的重要任务。

深圳元平特殊教育学校（以下简称"元平特校"）于 2002 年 11 月经深圳市教育局正式批准，成立职业教育部，坚持学历教育与职业培训并重，实行灵活的办学模式和学习制度，探索出"立交桥"式职业教育发展模式。[②] 经过 20 多年的实践探索，根据深圳市特殊教育发展需要和学生发展需求，学校不断创新心智障碍学生高中教育新模式。在深圳市教育局的大力支持下，学校规划出学生中高职业教育、职业高中教育和综合康复高中教育的发展路径。2022 年，元平特校"三二分段"中高职班正式招生。这是元平特校对中高职贯通人才培养的有益探索，致力于让特殊学生成长为国家有用之才。元平特校在心智障碍学生高中教育高质量发展的道路上不断探索，为更多特殊儿童青少年享受优质的教育进行教育改革与创新。

一　心智障碍学生高中教育发展路径构建

元平特校根据学生障碍类型和特点，制定差异性学生培养方案，盲、聋学生高中教育发展主要以参加残疾人单招单考的高考为主要路径；心智障碍学生规划中高职业教育、职业高中教育和综合康复高中教育的发展路径。学校将特殊学生职业教育学校的功能延伸，发挥学校作为就业指导中心、终身教育服务指导中心的作用，同时联合各类学校、社会机构，支持特殊学生生

---

① 袁曦：《心智障碍青少年就业转衔服务研究》，《北京青年研究》2020 年第 4 期。
② 黄建行、雷江华等：《智障学生职业教育模式》，北京大学出版社，2011，第 19 页。

涯发展。设置生涯教育课程与活动，建设以"生涯导师"为主的多学科教师团队，每个教师都是支持教师，从高中入校开始为每一位学生提供"生涯支持"，包括课程选择、就业方向等，直至学生进入社会、就业安置。具体而言，入学评估时，生涯导师与家长、学生共同确定未来在就业、升学、社区适应三条路径上的选择。

1. 以升入高职为导向的中高职教育路径

在深圳市教育局的大力支持下，元平特校开中高职"三二分段"之先河，与深圳职业技术学院携手发展，并联合企业，精诚合作，探索"三二分段"培养模式，共同实施五年一体化人才培养计划。毕业生主要面向高星级酒店、旅游企业、企事业单位接待中心、酒店管理公司等，从事客户服务、前厅管理、餐饮管理、客房管理等工作。

2. 以就业为导向的职业高中教育路径

特殊职业教育的成效是否显著很大程度上取决于心智障碍学生能否实现就业，因此特殊职业教育在发展过程中非常强调心智障碍学生职业技能的形成与发展，以使学生在修完职业教育课程或从职业高中毕业后能顺利就业。学校通过校企合作、家校合作、校社合作多渠道促进学生就业，使他们适应社会职业生活。学校组织"就业指导小组"，为所有毕业就业的学生提供跟踪指导服务，同时，为就业企业开展关于心智障碍青少年性格和工作特点宣讲会，帮助企业更好地管理他们，形成毕业生持续就业的长效机制。

3. 以社区康复为导向的综合康复教育路径

对于中重度心智障碍学生未来发展，学校以社区康复为主要发展路径，学校注重与家庭、社区合作，形成家校社协同发展模式，开展多种形式的家校、家社、校社和家庭之间的教育康复活动。从家庭活动出发，以生活技能为着眼点，先建立学生和自己家庭的其他成员的良好相处关系，在此基础上进一步促进学生与小区、其他家庭等形式多样的社会群体发生互动，从而形成"学校—家庭—小区—社会—个体"全系统的支持体系，为学生毕业后社区康复提供帮助，从而高质量适应社区生活。

二　心智障碍学生高中教育课程建设

元平特校一直坚持以学生能力分层为基准、以学生全面发展为目标,[①]根据国家政策导向,发挥地方特色优势进行特殊学校高中教育课程体系的建设。进一步完善特殊学校高中教育课程标准,推进国家课程校本化、校本课程特色化;探索特殊学校高中教育教学方法,优化特殊学校高中教育课程环境,丰富特殊学校高中教育社团课程,整合特殊学校高中教育课程资源,形成中高职教育课程、职业高中教育课程和综合康复高中教育课程三类课程设置(见图1)。

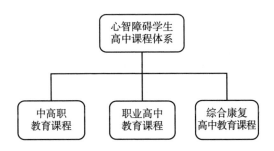

图1　深圳元平特校心智障碍学生高中教育课程体系

1.中高职教育课程

"三二分段",即三年中等职业教育和二年高等职业教育,课程可分为专业技能课程和文化基础课程两大类。专业技能课程分为公共基础课、专业基础课、专业核心课、专业技能拓展课。文化基础课程包括思想政治、职业道德与法律、职业生涯规划、心理健康、社会适应、语文、数学、英语、计算机应用基础、体育与健康、音乐、美术和康复训练。实习实训是专业技能课教学的重要内容,含校内外实训、顶岗实习等多种形式,转衔支持为针对特殊学生从中职到高职转衔的个别化支持,包括个别化的训练内容。

---

① 黄建行、雷江华等:《特殊教育学校办学模式》,北京大学出版社,2016,第20页。

2. 职业高中教育课程

以核心素养培养为本位，以升学、就业为导向，学校采取宽基础、活模块的集群式模块课程结构（见图2），[1] 将高中课程组合成专业课程模块、基础课程模块和辅助课程模块，突出以能力为主线，宝塔式分类推进的课程理念，构建职业高中教育课程体系。学校创建信息化学习、工作、生活"三位一体"的智慧校园，更新校园建设，规划功能分区，为高中课程的建设提供硬件条件。同时开设多种社团课，社团课与专业课相互补充，激发学生潜能。

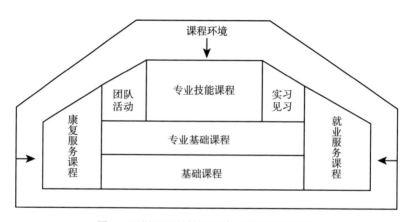

图2 深圳元平特校职业高中教育课程模块

在课程实施方面，职业高中教育教学部基于学生的身心发展特点和课程设置特点，开创"三年三选"走班制专业课学习制度，学生根据能力水平、兴趣爱好、专业水平等情况，每年可选择调换一次专业课。能力较强的学生可以学习更多的专业知识，能力相对较弱的学生可适度调整自己的专业选择。

3. 综合康复高中教育课程

根据中重度心智障碍混合班学生的实际情况，设置"公共基础课+专业课"，让学生从高一到高三逐年增加专业课的课时，帮助学生顺利从义

---

[1] 黄建行、雷江华等：《智障学生职业教育模式》，北京大学出版社，2011，第79页。

务教育阶段过渡到高中教育阶段。通过评估，学生可选择适合的专业课学习。同时开设社团课程，包括健身社团、球技社团、乐创社团等9门社团课。开发康复类课程，如情绪调节课程、心理疏导课程等。开展综合康复高中教育校本课程及教材研究，以适应中重度心智障碍学生混合班的课程实施需求。

三 心智障碍学生高中教育教师专业发展

元平特校教师人数为296人，其中拥有研究生学历的教师占教师总数的35.0%，拥有本科以上学历的教师占教师总数的99.6%。随着学校高中阶段学生人数逐年增加，高中教育阶段教师人数不断增加，高中阶段教师共134人，占学校教师总数的45.3%。其中，听视障高中教育教学部有教师13人，职业高中教育教学部有教师70人，综合康复高中教育教学部有教师51人。学校的发展需求要求部分教师从义务教育阶段转向高中阶段，加强教师职业规划和教师专业培养成为学校发展的重要举措。学校根据教师的学历背景和发展意向，侧重对三类"复合型"教师人才的培养。

1. 以"特教知识技能与学科教育教学素养"复合为主的特殊教育教师

首先，加大对现有教师有针对性的培训力度。学校邀请高校及校外专家进行线上讲座，开展继续教育课程；开展专题学习或专业资格培训；参与本市其他学校或团体的活动；派教师赴其他省市参与学校交流、学术会议；教师参加省级培训、国家级培训。通过以上措施，提高教师专业能力。其次，加强校内学科教研组建设。教研组采取不同形式促进教师学科能力的发展，如研读课标、研读教材、组内公开课、外出观摩学习等，这些都加强了教师学科素养。

2. 以"特教知识技能与康复知识技能"复合能力为主的特殊教育教师

学校推动承担教学工作的特殊教育教师掌握扎实的特殊教育知识和技能，具备基本的教育康复能力，发挥康复教师的辐射作用，做到"教育"与"康复"的复合。依托教研小组，如自闭症儿童心理教育评估（PEP）团队、孤独症康复组、脑瘫康复组、心理组等，提高教师特教知识技能与康复知识技能的复合能力。

3. 支持教师职业知识技能培训

由于学校向着中职、高职的方向转型，教师也需要向着兼具"特教知识技能"和"职业知识技能"的方向转型。学校支持教师的职业知识技能培训，并邀请校外专业人士来校开展培训，部分教师考取了职业相关证件，持"双证"对特殊教育学生进行培训。

四　心智障碍学生高中教育高质量发展路径实践效果

特殊教育的高质量办学旨在促进特殊学生具备良好的道德品质，掌握适应未来发展所需要的基本知识技能，努力将特殊学生培养为自尊、自信、自强、自立的国家有用之才。[①] 元平特校着力探索心智障碍学生高中教育的高质量发展路径，取得了良好的办学成效。

（一）适应与终身：心智障碍学生差异性发展取得成效

截至 2022 年 12 月，学校在校学生人数为 734 人，其中高中阶段学生人数为 368 人。9 月高中入学人数为 113 人，学校高中阶段招生人数呈现上升趋势（见表 1）。

表 1　2022 年元平特校学生数量情况

单位：人

类别	在校学生	高中阶段	高中入学	高中毕业
数量	734	368	113	82

资料来源：根据本校数据自制。

---

① 中华人民共和国教育部：《特殊教育办学质量评价指南》，2022 年 11 月 1 日，http：// www.gov.cn/zhengce/zhengceku/2022-11/08/content_ 5725327. htm。

2022 年 7 月高中毕业生人数为 82 人，其中听视障毕业人数为 4 人，全部升入大学；职业高中毕业人数为 59 人，综合康复高中毕业人数为 19 人。职业高中和综合康复高中毕业生安置人数为 31 人，其中到企业就业 17 人，就业单位（见表 2）包括百胜集团肯德基餐厅、大中华喜来登酒店（洗衣房）等 14 家企业；就业安置人数 14 人，其中到民爱中心的有 4 人，继续学习的有 1 人，其他安置的有 9 人。

表 2　2022 年元平特校职业高中毕业生就业单位

序号	单位名称	序号	单位名称
1	百胜集团肯德基餐厅	8	大中华喜来登酒店(洗衣房)
2	大中华喜来登酒店	9	深圳福朋喜来登酒店
3	憨儿面包店	10	深圳佳兆业万豪酒店
4	憨小孩面包屋	11	深圳市龙华区大浪街道残联职康中心
5	妙衡信息技术有限公司	12	深圳湾万怡万丽酒店
6	南山威斯丁酒店	13	深圳硬石酒店
7	深圳博林天瑞喜来登酒店厨师	14	中航城酒店管理公司

资料来源：根据本校数据自制。

2022 年，学生通过学校规划培养，在文化知识、职业能力、社会适应能力等综合素质方面得到了不同程度的提高，主要的成绩包括：7 名学生通过全国计算机等级考试（一级计算机基础及 MS Office 应用）；在广东省第九届残疾人运动会特奥田径赛中，学校学生获得 4 金 1 铜的好成绩；陈婉君等学生在深圳市中小学生国际跳棋比赛中与普通学生同台竞技，获得 64 格中学女子组冠军和 64 格中学组团体冠军的佳绩；学生创客作品"仿真测温仪"、征文作品《眼泪》等获得省、市级学生比赛的优异成绩。学校通过德智体美劳"五育并举"，让学生的文化基础、自主发展、社会参与三大核心素养得到培养和提高。

（二）多元与精进：教师专业能力得到适应性发展

元平特校一直致力于多路径、多渠道培养教师，努力打造专业化的特殊教育教师队伍，并在教师教学能力、科研能力和职业能力三个方面取得了一定的成效。

1. 教师教学能力稳步提升

学校教师在实践基础上总结的科研成果"从校内岗位实践到成功就业的个别化职业教育案例"获评广东省教育研究院组织的特殊教育学校"优秀个别化教育研究案例"一等奖；微视频《折翼天使的就业梦》获广东省教育厅第十一届以"赓续百年初心，担当育人使命"为主题的师德微视频三等奖。2022年，在各级各类教育教学课例比赛中，元平培智高中教师取得了优异的成绩，其中省级教育教学课例获奖5项，市级课例或微课获奖3项。

2. 教师教育科研成果丰硕

学校根据职业高中教师专业及发展意向，成立职高专业组职业艺术类学科组（16人）、职高专业组饭店服务与餐饮类学科组（21人）、职高专业组管理与服务类学科组（16人），打造教师教科研学习共同体，并在教科研方面取得丰硕成果。

（1）教师队伍高层次人才不断增多。学校有广东省名校长工作室主持人1人，省特级教师3人，省中小学名师培养对象3人，深圳市高层次人才2人，市教学名师4人，市名师工作室主持人1人，市教科研专家工作室主持人1人。

（2）科研项目和课题数量逐年增加。教学成果方面，《适应·终身·融合：基于育残成才的智障学生健康体育课程实践》获评2021年广东省教育教学成果二等奖。项目建设方面，《特殊职业高中学校建设》《教师信息技术应用能力提升》成功申报为广东省特殊教育内涵建设示范项目。课题研究方面，现有心智障碍学生职业高中教育相关课题共10余项，占学校在研课题总数的45%，其中国家级课题1项，省级课题5项，市级课题2项，校级课题5项。特殊职业教育教学课题和项目逐年增加。

（3）课程建设成果显著。在广东省特殊教育精品课程建设项目工作中，学校3门精品课程成功立项或在研究探索阶段。这些课程以"聚焦现状、引领发展、合作研发、实践探索、凝练收获、促进提升"为建设指导思想，通过"梳理—学习—研究—开发—试点—培育—选用"的工作模式运行，力争形成具有科学性、系统性、选择性、适宜性和中国特色、岭南风格的广东省特殊教育精品课程。在学校校本课程建设方面，有社会适应课程、中式厨艺课程、西式面点课程，学校组建了校本课程建设工作领导小组与3个课程研制组。

3. 教师职业能力水平逐步提高

通过打造"双师型"教师，获得职业资格证书的教师逐年增多，截至2022年，学校获得职业资格证书教师30人，包括中式烹调师、西式面点师、物流师、茶艺师、导游资格人员等职业资格。教师既有教师职业资格，又具有其他职业资格，既了解特殊学生的发展特点和教学方式，又能从职业专业角度帮助心智障碍学生获得劳动和工作的技能。

（三）合作与共赢：多方合作促进学生融入社会

1. 校校合作加速推进高等职业教育建设

2022年9月，在广东省教育厅和深圳市教育局的重视与支持下，元平特校与深圳职业技术学院携手发展，并联合行业企业，精诚合作，探索"三二分段"培养模式，共同实施五年一体化人才培养计划。元平特校"三二分段"中高职班打通了特殊学生的学业上升通道，学生在元平特校完成3年的中等职业教育后，通过转段考核，合格者将被深圳职业技术学院录取，再完成2年的高等职业教育，毕业后由深圳职业技术学院颁发毕业证书。首届中高职班招收1个班，班额10人，专业为高星级饭店运营与管理。这是元平特校对中高职贯通人才培养的有益探索，致力于让特殊学生成长为国家有用之才。

2. 校企共育共融打通学生实习和就业通道

学校与企业在"三进三出"合作模式以及"现代学徒制"的基础上，结合心智障碍学生的特点，共同探索实践"就业支持以点带面，共育共融助残成才"就业模式，也就是产教融合共促心智障碍学生成才就业模式

（见图3）。这种模式拓宽实践平台，深化产教融合，促进残健融合，共促学生顺利且稳定就业。

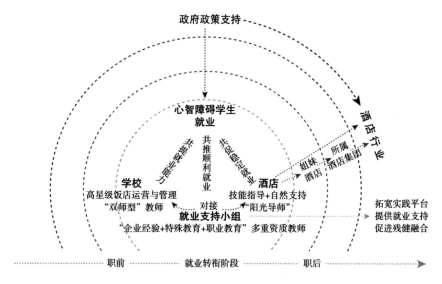

图3 "就业支持以点带面，共育共融助残成才"就业模式

首先，发挥课程功能。根据心智障碍学生的特点，校企共同探讨管理与培训方法，制定适合他们的岗位流程与标准，充分发挥综合课程与活动等共育功能。积极开展适合此类学生的职业教育，提前做好就业转衔工作，共同提升学生就业能力。促进学生与职位匹配，让心智障碍学生的职业教育更具方向性和科学性，以有效培养酒店业所需人才。

其次，以点带面拓宽实践平台。学校建立就业支持小组与企业高效沟通，以点带面。比如，创造与合作酒店的姐妹酒店及所属酒店集团甚至酒店行业的合作机会；同时，酒店集团及行业协会发挥自身影响力，带动更多酒店及酒店集团与学校合作，形成规模效应。学校建立的实习基地有百胜餐饮（肯德基餐厅）、深圳香格里拉大酒店（罗湖）等31个企业（见表3），校企共同努力，拓宽心智障碍学生的实践平台，共建人才培养和实践基地，开发更多适合学生的就业岗位，扩大产教融合的深度和广度。

表3　元平特校实习基地企业单位

序号	实习基地企业	序号	实习基地企业
1	百胜餐饮(肯德基餐厅)	17	深圳湾安达仕酒店
2	深圳香格里拉大酒店(罗湖)	18	深圳观澜湖硬石酒店
3	深圳香格里拉大酒店(福田)	19	深圳国际会展中心皇冠假日酒店
4	深圳四季酒店	20	深圳龙岗珠江皇冠假日酒店
5	深圳东海朗廷酒店	21	深圳华侨城洲际酒店
6	深圳观澜湖高尔夫球会	22	深圳机场希尔顿逸林酒店
7	深圳博林天瑞喜来登酒店	23	深圳大中华希尔顿酒店
8	深圳中洲万豪酒店	24	深圳市喜憨儿洗车中心
9	深圳大中华喜来登酒店	25	北京市珐琅厂有限责任公司
10	深圳福朋喜来登酒店	26	衡水一壶斋工艺品有限公司
11	深圳佳兆业万豪酒店	27	深圳非遗生活文化产业有限公司
12	深圳益田威斯汀酒店	28	深圳职业训练学院
13	深圳联投东方万怡酒店	29	深圳永祥药房连锁有限公司
14	深圳湾万丽酒店	30	金茂深圳JW万豪酒店
15	深圳湾万怡酒店	31	深圳前海华侨城JW万豪酒店
16	深圳瑞吉酒店		

资料来源：根据本校数据自制。

最后，共建学生就业支持团队。校企融合共建就业支持团队，根据学生的特点和酒店的需求，共同开展心智障碍学生个别化就业支持工作，提供一系列就业转衔服务，帮助学生解决其就业初期乃至更长时间里所面临的职业适应问题，视具体情况逐渐降低支持频率，帮助学生最终实现顺利、长期、稳定就业。

校企共育共融，不仅有利于心智障碍学生机能康复、融入社会、维护个人尊严、提高生活品质，还使企业员工重建对特殊群体的认知，不断提高接纳度，为学生日后实习就业创造出良好的人文环境，达到残健融合。同时，这对提升特殊家庭幸福度有重要现实意义，对促进社会和谐稳定发展也有着积极作用。

3.家校社协同帮助心智障碍学生融入社会

特殊学生走入社会，需要联合学校、家庭和社区力量，协同合作，共同承担特殊青少年融入社会的职责。在市政府的大力支持下，元平特校坚持家、校、社协同合作，让三方发挥合力，帮助更多学生融入社会。比如，学生家长在市政府支持下，组织建立了"深圳市喜憨儿洗车中心"，成为学校的实习基地和就业单位。另外，扩大对家长群体的专业支持和服务，与医疗卫生等相关单位协作，引导家长树立科学育儿观念，充分发挥家庭在残疾学生教育和康复中的重要作用。同时，学校加强与残联、盲协等单位的合作，形成社区合作新样态，探索家、校、社协同帮助学生融入社会、共同发展课程、教学等新模式。

"十四五"时期，深圳元平特殊教育学校将紧紧抓住《"十四五"特殊教育发展提升行动计划》实施契机，持续加强内涵建设，以推进特殊教育现代化为核心发展目标，全面实现学校职能的转型升级，充分发挥深圳市特殊教育指导（资源）中心职能，构建集学校教育、区域指导、资源平台为一体的多功能综合教育体，为实现深圳特殊教育先行示范、办好党和人民满意的特殊教育继续砥砺奋进，为深圳建设中国特色社会主义先行示范区作出更大贡献。[①]

---

① 曹艳：《坚持内涵式发展，铸就党和人民满意的特殊教育品牌》，《现代特殊教育》2022 年第 3 期。

深圳市蛇口育才教育集团育才一小"四合联动"，协同提升小学生体质健康报告

陈明祺*

摘　要： 学校秉持"健康第一，终身体育"的理念，强化育体与育心相融合，形成了"目标聚合、机制联合、资源整合、技术融合"的"四合联动"家校社协同育人格局，打造了体育教育新生态，促进了学校体育的可持续、高质量发展，学生体质健康水平显著提高。"四合联动"强调多方联动、互惠互利，充分利用不同主体的各项资源要素，全方位深度协同，推动家校社达成共识、促进共事、实现共享、及时共评。经过五年探索实践，学生体测优良率从 40.01% 提升到 88.63%，市、区教育局给予了充分肯定，学校体育改革和创新在全市起到了示范作用。

关键词： "四合联动"　协同育人　体质健康　智能化监控

一　问题的提出

（一）背景

习近平总书记指出："少年强、青年强则中国强。少年强、青年强是多

---

* 陈明祺，教育硕士，深圳市蛇口育才教育集团育才一小副校长，副高级教师，主要研究方向为小学教育、小学语文。

方面的，既包括思想品德、学习成绩、创新能力、动手能力，也包括身体健康、体魄强壮、体育精神。"① 在新时代，小学生的体质健康成为家庭、国家高度关注的问题。

《"健康中国2030"规划纲要》将推进健康中国的建设放在了国家战略的高度，并强调要实施青少年体育活动促进计划。2020年，中共中央办公厅、国务院办公厅印发《关于全面加强和改进新时代学校体育工作的意见》，进一步推动学校体育工作高质量发展。

随着我国经济水平和科学技术的不断发展，人民生活水平得到提高，生活方式也发生巨大改变。教育部公布的30年来我国学生体质健康数据显示，我国青少年学生的体质健康状况在持续近20年的下滑后，部分指标出现"止跌反弹"。青少年体质健康的整体状况虽有所改善，但从全国学生体质健康调研报告来看，视力不良检出率居高不下，继续呈现低龄化趋势；肥胖检出率持续上升，运动能力水平较低。② 这表明目前学生体质健康仍然存在较大问题，在提升小学生体质健康水平这条路上我们任重而道远。

2019年施行的《国务院关于实施健康中国行动的意见》，明确了学生体质健康行动目标：2022年和2030年，国家学生体质健康标准达标优良率分别达到50%及以上和60%及以上。为了完成目标任务，广东省学生体质健康优良率达标进度确立五个阶段性目标：2020年达到40%及以上，2021年达到45%及以上，2022年达到50%及以上，2023~2024年每年提升2个百分点，2025~2030年每年提升1个百分点。

（二）问题

如何贯彻落实党和国家教育方针政策？义务教育优质均衡指标中生均运动场地标准为7.5平方米每生，育才一小实际生均运动场地面积仅为4.41

---

① 习近平：《论党的青年工作》，中央文献出版社，2022，第96页。
② 《教育部公布30年来我国学生体质健康变化数据》，广东省妇女儿童工作委员会，http://www.pwccw.gd.gov.cn/xw2014/content/post_14476.html，最后访问日期：2024年4月25日。

平方米，存在生均运动场地不足的实际困难。为突破学校体育供给的局限，我们主动协同家长、社区共同参与体质健康促进目标制定、体育课程开发、教育教学模式改革、健康评价和制度保障等。然而，在实践过程中三方缺乏联动，难以形成教育合力和良好的体育生态。主要表现为以下三个问题。

1. 缺乏家校社长效协同机制，家校社体育联动活动开展随机性大、重视度低。

2. 家校社资源未能有效整合，在时间、场所、设施设备上未能满足促进学生体质健康的要求。

3. 缺乏对不同学生训练的反馈体系，家校社对学生开展的训练缺少科学依据，学生体育效果难以持续，个性化的体育学习需求难以满足。

二 解决问题的过程与方法

（一）探索建设（2019年9月~2019年12月）

顶层设计。营造"健康第一"校园文化，强化全体师生和家长的体质健康意识，全面落实国家政策方针，将保证学生体质健康作为学校教育教学工作的前提，落实全员育人制度。坚持问题导向和系统观念，针对上述"三缺"问题，以"人"的关系建构为核心，协同家长、学校、社区不同主体，确立了"目标聚合、机制联合、资源整合、技术融合"的协同育人四大路径，致力于构建校家社协同育人的体育新生态。

机制建设。由校领导、家委会代表、相关社区工作负责人共同成立"学生体质健康促进同盟会"，负责统筹协调每学年的学生体育开展计划。成立"学生体质健康专项工作领导小组"，由学校领导牵头落实体质健康工作。成立"家长教师协会"，由体育教师、班主任、家委会成员及家长志愿者共同协调学校、家长、社区的体育开展。依托以上的协同组织平台，构建和完善校家社体育联动的协同机制。

例如，"家长教师协会"协同家委会组织班级"跳绳队""体能训练队"

等，利用节假日时间组织孩子进行集体运动；家庭自觉配合学校体育作业的要求，开展体能锻炼，家庭成员共同参与，共同建设健康家庭；部分家庭还将学生特长发展延续到了课后，鼓励孩子参加各种级别的体育竞技活动。

（二）实践优化（2020年1月~2022年12月）

供给改革。学校扩大教育供给主体，拓展教育供给资源，优化课程供给模式，积极开展体育供给转型研究。创新体育课程体系，提升体育单位时间质效，该体系建设经历了由"3+1"（3节常规课、1节活动课）到"2+1+1"（2节常规课、1节体育分项课、1节早操阳光体育课），再到"2+2+1+T+M"[2节体质课、2节体育分项技能赛事课、1节早操阳光体育课、各类校队社团（TEAM）、校内班级赛和国内外竞赛（MATCH）]的过程，为此学校制定实施了选项的具体操作程序与方法。整合校内外场地，提升体育单位空间质效，学校科学安排学校体育场地的轮训时间，在与社会、家庭的互通中，将区内场馆的资源整合到教育供给中，如将蛇口的体育馆、运动场、训练馆等公共资源转化为供给主体，共同促进学校体育教育高质量发展。

教学改革。组织以"阳光体育·体质健康"为主题的班主任、体育组联合教研活动，从班级管理到体育学科组建设等多个维度，总结经验，查找不足，归因分析，有针对性地制定学生体质提升工作方案。体育组定期召开学科教研例会，扎扎实实推进教学计划制定、集体备课研讨、体育作业研修、体质健康专项课题研讨等常规教研活动。采用针对性、趣味性强的融合教学内容，多样化、结构化的教学手段，改善"无教材、无运动量、无战术、无比赛"的"四无"体育与健康课。创新落实早操和阳光体育运动方式，自编素质操，将体质训练常态化地融合在阳光体育中。

智慧体测。注重激励评价，将学生班级体测数据与学年班级评优评选融合，设立体测标兵、最快进步奖等全面激励的评价制度。通过引进AI体育锻炼屏、AI体育教学测试屏等智慧设施，建立动态持续的运动智能监控体系，学生日常课间、课后均可进行训练和比赛，实现学生的自助测试、自主学习训练、结果数据及时反馈、个性化指导，大大提升了学生的训练动力和效果，同时也为学校、家长、社区评价学生提供了平台和依据。

（三）推广交流（2022年1月~2023年12月）

制定成果运用与推广方案，通过教师培训、专题讲座、媒体宣传、帮扶结对等方式在区域及市外进行交流分享，向农村欠发达地区辐射。

三 主要成果

（一）探索"目标聚合、机制联合、资源整合、技术融合"的家校社"四合联动"协同育人路径，形成学校体育新生态（见图1）

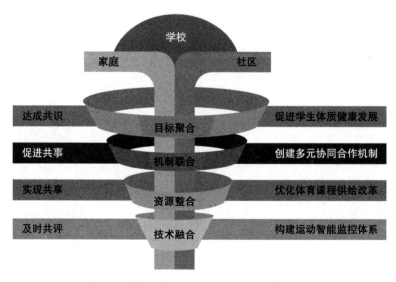

图1 家庭、学校、社区"四合联动"路径

1.目标聚合，达成共识——促进学生体质健康发展

以国家政策方针、体育课程标准等为依据，通过专题讲座、专家培训、家庭访问、社区宣传等多种途径渗透"健康第一，终身体育"的理念，提

升学生、教师、家长、社区工作人员对体质健康的认知观念，调动家校社多元主体的主观能动性，形成"以促进学生体质健康发展为核心"的目标共识，从而促进家庭、学校、社区体质健康意识的提升。

2.机制联合，促进共事——创建多元协同合作机制

家庭、学校、社会都要承担不同的责任，三大主体间的相互协作关系决定着协同育人的进程与效果。为提高小学生体质健康水平，构建完善的家校社协同机制（见图 2），主要包含组织体系机制、信息沟通机制、主体关系机制，促进家校社通过机制运行实现共同目标。组织体系机制赋予家长、教师、社区工作人员参与学校决策和社区行动的权利；信息沟通机制促进家校社三方信息共享、思想同频、方向一致、贯通培养；主体关系机制弱化等级、模糊边界，加大对不同主体的授权与赋能，促进学校、教师、家庭、家长、社区、员工之间形成相互尊重理解和沟通信任的人际关系。

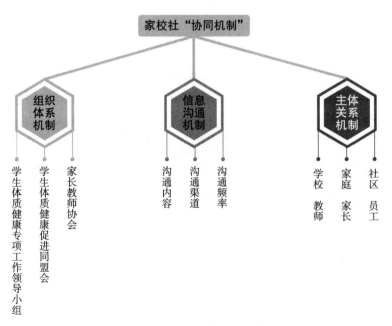

图 2　家校社"协同机制"

3. 资源整合，实现共享——优化体育课程供给改革

面对学校体育教育供给与学生发展需求之间的矛盾，学校从学习的广度、深度、精度、强度这四个维度出发，依据四种维度的学习对资源的要求，对学校、家庭、社区的资源进行整合、分类、调配，保障体育教学资源的高效运用，构建"2+2+1+T+M"的体育课程体系（见图3），提高体育学科教学品质，实现体育教育供给生态的多元化、持续化、科学化。

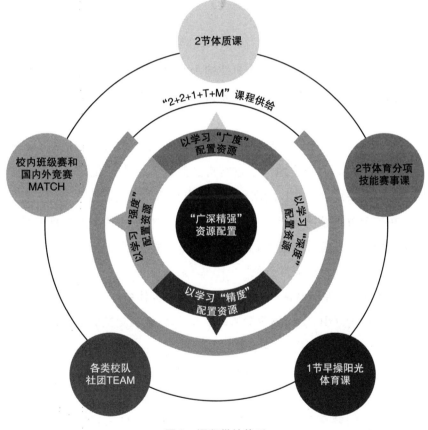

图3 课程供给体系

在体质课和早操阳光体育课上，以学习"广度"为依据进行资源配置，按照传统学科教学方式配置师资、时间（课时）、空间（场地）资源。配置

依据可以概括为"教师随堂教学、时空资源均衡分配"。

在四五六年级开设分项走班专门化学习，以学习"深度"为依据进行资源配置，要求教师分专项开展专门化教学，确保学生真正掌握某些体育专项技能，达到"特长"的水平。资源分配采用"双向选择"的方式，学生根据个人喜好与能力评估多项选择，教师根据专业化评估给学生提出建议，最终学生作出客观选择。在此阶段，教师、课时、场地都进行专门化配置和调度。配置依据可以概括为"教师专项教学、时空资源专门分配"。

社团活动课为有兴趣、有特长的学生提供进一步开展体育学习的条件，开设"工作室""学习项目"等平台，提供更加精准的专门化学习，以"精度"为标准进行资源配置，有针对性地为社团课教师提供专门化保障、引进专门化教学力量。配置依据可以概括为"教师个性化教学、时空资源定点分配"。

为明显具备高水平天赋和特长的学生提供专业化深度培育的机会，建设体育竞赛队，在这个"阵地"上进行有"强度"的专业化培训，帮助学生达到参与同龄段高水平竞技的水平，也为有禀赋的学生创造更多的人生发展机会。在这个教学领域，以"强度"为依据对师资、专业化教练力量、专业化训练场馆、设备等进行专门化的建设。配置依据可以概括为"教师精英化教学、时空资源保障性分配"。

4. 技术融合，及时共评——构建运动智能监控体系

在学校室内外引入 AI 体育锻炼屏、AI 体育教学测试屏等智慧设施，学生日常课间、课后均可进行训练和比赛，实现学生的自助测试、自主学习训练、结果数据及时反馈、个性化指导，大大提升了学生的训练动力和效果。构建体育学科数据平台，建立动态持续的运动智能监控体系，打通家庭、学校、社区的空间壁垒，实现学生运动数据和评价信息的共享、共评，为学生、学校、家庭、社区制定精细化的体质健康促进目标提供有效的数据支撑和科学依据，为学生建立一个健康评估、个性化运动干预、跟踪管理的健康成长闭环。

（二）构建"体能体育教学+分项技能教学+阳光体育教学+校队社团训练+体育分板块竞赛""五位一体"教学组织形式（见图4）

图4 "五位一体"教学组织

创造性地打破了传统体育课堂的定式，创新体育教学形式。体育教学采取"体能体育教学+分项技能教学+阳光体育教学+校队社团训练+体育分板块竞赛""五位一体"教学组织形式，充分落实"教会、勤练、常赛"的要求。项目负责教师要制定详细的课程教学计划和实施方案。每节体育课合理分配体质教学和项目教学时间，开发适合学生高密度、高强度参与的项目游戏和竞赛，保证体育课的实效性和趣味性。每个年度通过组织体育分板块的班级联赛，持续提高学生运动兴趣、锻炼效度与持续度，使学生体质大幅提升。

1. 体能体育教学

体能体育教学课，作为学校的体育必修课程，每周两节。体育组把每个年龄段的体质监测运动项目（肺活量、坐位体前屈、50米跑、一分钟跳绳、一分钟仰卧起坐、50米×8往返跑等）融入教学内容并作为必修内容，分课时有的放矢地强化练习。对整个运动过程进行专业指导，确保学生科学运动，养成良好的运动习惯。体育组还通过教研把体测项目变成趣味运动，开展单项比赛评比等方式提升学生练习的兴趣。

2. 分项技能教学（见表1）

分项技能教学，属于选择性"必修"课程，是指在教学中打破原有的年级和行政班级界限，根据学校体育教师专长和学生兴趣爱好，重组以田径、足球、游泳、板球、篮球、乒乓球、羽毛球、键球等项目为选修内容的新的体育教学班，并根据学生实际能力和水平灵活设置一定的跨年级混合班级组。每个年度通过组织本项目的班级联赛，提高学生对运动项目的参与度，鼓励学生积极锻炼，不断提升项目水平。这些比赛已经成为学生翘首以盼的校园体育盛事，极大地推进了校园体育文化的建设。

表1 分项表的设计——分项课模块名称及其功能要求

系列名称	模块名称	模块功能的要求	教师
田径类项目（选修）	跑 跳跃 投掷	获得和运用该项目的基础知识、技能与方法，安全锻炼，培养学生运动能力、健康行为、体育品德，增强体能，提高其运动水平和社会适应能力	—
健康教育专题（选修）	参见体育与健康教材	理解和获得三维健康观的基础知识，并在自身的学习、锻炼和生活中自觉运用，提高生存与发展能力	—
球类项目（选修）	乒乓球 羽毛球 足球 篮球 排球	获得和运用某项球类运动的技战术及其游戏规则，培养学生运动能力、健康行为、体育品德，全面发展体能，培养良好的合作精神和体育道德，提高社会适应能力	—
新兴项目（选修）	板球	获得板球运动的技战术及其游戏规则，培养学生运动能力、健康行为、体育品德，发展爆发力、柔韧、协调、灵敏等体能要素，培养朝气蓬勃、勇敢顽强的精神	—
民族运动项目（选修）	键球	获得键球运动的知识及掌握一定难度的对练动作，发展爆发力、柔韧、协调、灵敏等体能要素，培养朝气蓬勃、勇敢顽强的精神	—

说明：每学年开始时学生可以根据自己的情况，再次选择相同的或不同的项目学习，依据学校场地设施及师资条件对一些项目进行定额选项（名额分配到班）。

3. 阳光体育教学

坚决落实每日"阳光体育一小时"。保证学生一个小时的在校体育锻炼时间，是育才一小全体教师、家长和学生的共识。

阳光早操，全员参与。一小的学生每天入校的第一项集体活动是"阳光早操"，内容包括跑操入场、一套广播体操、一套自创素质操、列队退场，整个过程30分钟，体育教师自行设计编辑的音乐、口令贯穿始终，几千名学生在不同场地有序锻炼，强度、密度科学设计，既锻炼身体，又培育了团队精神。

阳光体育，全员参与。一小的学生每天离校前的最后一项集体活动是"阳光体育"，内容包括分年级班级方阵跑操、趣味体育分项活动等。每天15分钟的跑操，班级按照整齐的方阵列队集体匀速跑步，从团队纪律、体能基础、身体协调等多方面强化训练。跑操结束后学生跟随串场音乐有序分流到不同的活动场地，开展迎面接力赛跑、跳绳、仰卧起坐等分项活动，活动轮流参与，班主任老师负责组织，体育老师负责技术指导，保证运动效果。

阳光体育教学的内容从运动量、运动时间和运动方式上与学生体测高度契合，确保了每天一小时的锻炼。

4. 校队社团训练

以篮球、田径、乒乓球、足球、板球、羽毛球、毽球、跆拳道、游泳等项目为基础建立校队与梯队共发展的模式，保证队伍衔接和延续性。学生根据自己的兴趣爱好、个性特征，自主选择社团课程，学校社团配备专业的教师资源。经过教师的辅导，让学生达到学习知识、培养能力、提高技能、全面发展的目标。

5. 体育分板块竞赛

分板块竞赛即以赛促练，成为学校重要的体育课程。学校统筹各项赛事日程，常态化举行班级联赛，班级联赛时间放在日常教学课时之中或周末。一年一度的"校长杯足球班级联赛""校园杯跆拳道班级联赛""自贸杯板球班级联赛""三人篮球班级联赛""全校田径运动会""阳光体育比赛"等都已经成为学生翘首以盼的校园盛事。学校大力支持各项目外出参加国内外竞技比赛。学校每年评估体育特色项目的绩效，根据绩效确定投入特色体育的经费。

（三）制定家校社联动的体育课程管理机制

1. 由科组负责的必修课程

在必修课上，严格按照国家体育课程标准规定的年段教学目标进行体育普及教学和分项教学。一至三年级开展常规体育教学，四至六年级开展体育分项课程。每周课程为：一至二年级4节，三至六年级3~4节，由体育科组负责必修课程。

2. 由专项教学团队负责的选择性课程

四至六年级开放每周全部体育课时，重组足球、板球、游泳、篮球、羽毛球、乒乓球、田径、跆拳道、毽球等项目的教学内容，根据学生实际情况对四至六年级分项目体育课进行统筹安排，科学设置时间和地点，安排任课教师。三个年级分为四个班级组，每个班级组在同一时间上分项目体育课；四个班级组中有两个单一年级班级组（四年级和六年级）、两个混合年级班级组（四、五年级混合，五、六年级混合）。

3. 由社团、工作室负责人负责的选修课程

学校对社团的规模和数量、活动内容、活动形式、学生的参与程度、学生组织和开展活动的自主程度、指导教师等进行专门的管理。

4. 由赛队责任人负责且由校长直接领导的竞赛表演课程

专业训练队主要是以国家级、省级、市级等专业比赛为目的而组建的队伍，配备专业级教师，利用课外活动、节假日、休息日等进行训练。

四　效果与反思

（一）实践成效

"四合联动"协同提升小学生体质健康的实践使得学校体育资源得到优化配置。它既突破了体育教师的碎片化教学，又保障了教师的完整教学；

既保证了群体普及性的体育教育，又保证了特长学生的专项提升训练。实施以来，学生的体质健康水平不断提升，培养了一大批在体育方面达到特长水准的优秀学生。

1. 学生体质健康水平显著提升

2019~2023 年，学生体质检测优良率分别为 40.01%、62.46%、86.90%、84.52%、88.63%（见图5），2023 年比 2017 年取得跨越式进步，被南山区教科院评为示范引领学校。2021 年 12 月，学校代表南山区迎接深圳市教育系统学生体质抽测，成绩优异。2022 年 7 月，深圳市教育局征集学校体育办学经验，肯定学校在全市起到了示范的作用。

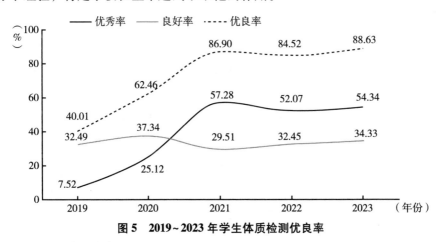

图5 2019~2023 年学生体质检测优良率

资料来源：深圳市蛇口育才教育集团育才一小。

2. 家校社体育资源得到了高效整合

通过优化课程教学，科学安排学校体育场地的轮训时间，提升了体育单位时间质效。通过家庭体育作业和对蛇口体育场、游泳馆运动场、训练馆等公共资源的有效整合，提升体育单位空间质效，有效解决了体育场地资源紧张的问题。

3. 培养了一大批体育特长学生，促进教师专业水平大幅提升

学校学生男子足球队曾获全国"达能杯"比赛亚军，多次获得区、市足球比赛冠军，多位足球小队员公派赴西班牙留学或入选中国少年足球队。

学校男子板球队获得 14 次全国青少年板球锦标赛的 8 次冠军，女子板球队更是获得全国比赛五连冠。游泳队 2019 年以来参加省级赛事，共获 46 枚金牌。2000 年，田径队荣获深圳市学生田径锦标赛团体总分南山区第一名。2022 年，毽球队在深圳市中小学生毽球锦标赛中荣获女子团体冠军、男子团体季军、个人技术一等奖。2022 年，荣获深圳市武术比赛传统拳术第一名。2023 年，排球队荣获省锦标赛二等奖。

2022 年，学校荣获南山区体育教师技能大赛团体总分第一名和"体育道德风尚奖"。学校体育教师代表中国女子队荣获亚洲足毽锦标赛团体冠军、双打季军，教学计划获得区教育教学成果特等奖，多名教师获区优秀教练员等荣誉称号。

4. 学校在体育改革和传播方面起到了示范引领的作用

学校被评为"全国首批校园足球特色学校""全国优秀校园足球特色学校""中国板球协会会员单位""深圳市足球项目传统体育特色学校""深圳市游泳传统体育项目学校""深圳市南山区游泳特色项目学校""深圳大学教育硕士生研习基地（体育学科）"。

同时，中国教育电视台、深圳电视台、深圳晚报、蛇口消息报、蛇口电视台等媒体多次对学校在体育竞技比赛中取得的丰硕成果进行专门的报道。学校在区内推广体育教育供给转型模式，区内育才二小、文理一小，区外河源市连平隆街镇中心小学等多所学校借鉴该成果中的全部或者部分教学实践理念，取得了较好的效果。

（二）反思

小学生处于家庭的全面监督下，其体质健康的提升单方面依靠学校显然是不行的，学校、家庭、社区三方协同教育将给学生体质健康工作带来新的突破。"四合联动"协同提升小学生体质健康的实践模式是一个新的系统工程，不论哪一主体单独行动，都很难实现理想效果。目前对协同路径、机制建设、供给改革等方面有了有效的探索，但仍需要继续探索、创新，不断提高协同育人的叠加效应，深入落实每天一节体育课的要求，不断提高小学生的体质健康水平。

深圳市云端学校推进教育
数字化转型报告

龚卫东*

摘　要： 随着新一轮科技与产业革命的兴起，以智能技术赋能区域教育高质量体系建设正成为当下教育现代化发展的重大实践命题。深圳市云端学校是深圳市教育先行示范和探索未来教育生态的探路工程，也是深圳市建设国家新型教与学试验区和智慧教育示范区的核心内容。本文介绍了云端学校在数字化转型、智能升级发展的一系列创新实践：探索出"1+N"共同体学校新形态，形成"一域两伴三同"的教学新范式，构建"常态化、全学科、多主讲、直播互动+智能辅助"的云端共生课堂，创新"跨校组班、多师协同、在校及居家混合"的个性化学习新方法，为教育数字化转型和未来教育发展提供参考和借鉴。

关键词： 教育数字化转型　基础教育优质均衡发展　教学新范式

　　随着人工智能技术的迅速发展，以区块链、云技术、大数据、5G等为代表的智能技术深刻改变着教育形态的方方面面。深圳市作为全国首批教育信息化试点城市，担负着为全省乃至全国教育数字化转型探索出一条可行路径的使命与责任。"十三五"期间，深圳市教育信息化工作进展迅速，初步形成了"互联网+"教育生态，教育信息化从整合应用迈向融合创新，主要表现为：基础设施建设全面铺开，全市中小学校已全部实现宽带网络接入，

---

* 龚卫东，深圳市云端学校党支部书记、校长，广东省特级教师，中学数学正高级教师。

90%以上的中小学校部署了无线网络；建成了新一代"教育云"数据中心，并实现全容量使用；数字资源平台已形成涵盖国家教育资源平台、市级教育云平台、区级教育资源平台、学校校本资源的一体化资源生态网络。2020年，深圳市被教育部授予"基于教学改革、融合信息技术的新型教与学模式实验区"，2021年被授予"智慧教育示范区"。新冠疫情期间，深圳市多举措保障线上教学平稳、有序地开展，在实战中积累了信息技术助力教学模式改革的丰富经验。

深圳市作为中国改革开放的前沿城市，经济的快速发展带来了人口的大规模流入，这导致了深圳对教育资源，特别是对基础教育阶段学位的需求急剧增加。2020年，《中共深圳市委深圳市人民政府关于加快学位建设推进基础教育优质发展的实施意见》明确提出，积极探索未来教育形态，推进云端学校建设。为打造"幼有善育、学有优教"的民生幸福标杆，深圳市教育局创办了深圳市云端学校，率先探索未来学校新样态，寻找教学新范式，以迎接新一轮科技与产业革命对教育的需求，推进基础教育优质均衡发展。[1]

市教育局以建设全国基础教育综合改革实验区为契机，打造深圳市云端学校，以建设云端学校"1+N"共同体为突破点探索学校新样态。以市云端学校为依托，以新质生产力为支撑，开展教育数字化转型创新实践，实施同备同研同教下的云端教学，推进"跨校组班"的个性化学习，探索智能时代基础教育优质均衡发展路径，取得了良好效果。

一　主要做法

深圳市云端学校2021年2月开始筹备，同年9月1日正式开学，2022年9月机构独立设置。三年来云端学校围绕四个方面开展创新探索。

---

① 《深圳市政府新闻办新闻发布会（深圳市基础教育改革发展）文字实录》，2020年12月3日，深圳政府在线，https://www.sz.gov.cn/cn/xxgk/xwfyr/wqhg/20201203/zB/content/post_8320290.html，最后访问日期：2024年5月14日。

（一）首创学校组织新样态

市云端学校作为市教育局直属公办学校，以自身为总部校区，打破传统学校有形边界和物理空间，带动遍布全市 10 个区的 13 所薄弱学校，形成"总部校区+N 所入驻学校"的共同体学校新形态，改变了学校组织的传统模式，带动各入驻校协同发展。总部校区教师是来自全市的名师，使名校不再处于"孤岛"之中，实现了优质师资、课程、教研等资源的全时域、泛空间广联互通。云端学校在促进学生学习方式转变、教师专业发展、新建校和薄弱校办学水平快速提升方面已见成效，展现出引领性作用。

（二）形成"一域两伴三同"教学新范式

"一域"指数字技术下扩大的学习场域，实现跨校组班、多师协同；"两伴"指跨校学伴和智能学伴。云端学校联结所有云端教室形成"1 间主讲教室+多间辅讲教室"的全新教学环境，既打破了原有的物理空间，扩展了学习的社会空间，又嵌入了新的信息空间，有效扩大了学习场域，增加了资源供给，促进了学伴交互，使云端学子产生了更强的荣誉感、凝聚力和自信心，逐渐形成了自律、自信、自豪的良好精神面貌。"三同"指教师的同备同研同教。云端学校共同体建立起主讲教师带领下的同备同研同教机制。在整体规划云端学校课程的基础上，主讲教师带领全体学科教师围绕大单元、大任务、真实性、实践性进行同备同研，深度打磨每一节课。教师可根据自身所长承担不同内容的主讲任务，在不增加教师编制的情况下，教学模式发生了深刻变化：小课堂变成超大课堂，参与者相互激励。

（三）构建教师队伍建设新模式

云端共同体模式下，教师的角色和作用从"单打独斗、各有长短"向"团队协作、人尽其才"转变，从学科知识讲授向引领学生全面发展转变。一是市教科院选派不同学科教研员到市云端学校定点交流，发挥指导作用。二是云端学校采用严格的遴选方式，挑选能够胜任云端多师教学模式的主讲教师，组建包含主讲教师、辅讲教师、场景教师以及专家学者在内的教学团队，构建"常态化、全学科、多主讲、直播互动+智能辅助"的云端共生课堂。主讲教师将最精华、最典型、最核心的知识和方法，高效率、高水平呈现给全体云端班学生。三是通过主讲教师和辅讲教师的"青蓝"结对，指导年轻教师持续提升。在课前，每位辅讲教师参与云端教学团队同备同研活动，针对每一节云端课开展教学设计，以聚集众人智慧、发挥个人所长，形成"长板效应"。课堂上，辅讲教师协助主讲教师开展课堂教学，关注学生学习行为和健康习惯并立足本班学情开展教学活动。辅讲教师积累一定的云端教学经验后，可以升级为主讲教师。

（四）创新学生学习新方式

大场域的云端多师教学，实现了优质资源的更广覆盖，云端大同学圈激发了学生学习的内驱力。"跨校组班"教学满足了学生个性化学习需求，开辟拔尖创新人才培养新路径，有效实现了《中国教育现代化2035》提出的"利用现代技术加快推动人才培养模式改革，实现规模化教育与个性化培养的有机结合"的战略目标。

二 创新成效

（一）云端创新工程稳步推进

云端学校2021年9月起以语、数、英三大核心科目为试点学科，在初一年级开展常态化教学。2022年9月起，试点工作拓展到初一和初二两个年级，试点科目包括语文、数学、英语、物理、历史、道德与法治、体育、劳动等。2023年9月起，云端创新实践覆盖初中3个年级，服务3600名学生，参与云端课堂教师达470余人，实现了初中学科全覆盖。截至2023年底，已开展云端系列课程1013节，含直播互动同教课782节、小云小鲲小锦公益课程167节、大数据与人工智能课程10节、IMMC数学建模课程9

节、假期名师伴学派公益课 39 节、其他各类项目活动课 6 节，正式出版 3 册云端教学案例集。

（二）学生综合素养大幅提升

国家"大规模学生跨学段成长跟踪研究"项目评定云端学生综合素质发展属于最高等级的"综合发展卓越型"。

（三）社会影响力不断扩大

包括北京、上海在内的国内专家、教育同行来访 60 余次，对云端创新实践给予高度评价。

2022 年，云端创新实践入选教育部智慧教育优秀案例。教育部科技司领导在中国 5G 发展大会智能教育高峰论坛上，对市云端学校的创新实践给予高度肯定。云端学校获得第五届"绽放杯"5G 应用征集大赛智慧教育专题赛一等奖、深圳市教育工作先进单位。"以市云端学校创新基础教育工程改革"获 2022 年度深圳市优秀改革案例。

2023 年，《中国教育报》在头版头条刊发《深圳建云端学校探索多师协同、跨校组班模式——云上云下共同体催生学习新样态》。[1]《光明日报》刊发《云端学校推动优质教育资源共享——教育数字化的深圳实践》。[2] 有 120 万收看新华社直播的云端互动课。《中国电化教育》刊发我校龚卫东同志的《技术支撑的教学空间变革：价值、逻辑与路径》论文。[3]

2024 年，云端学校获得第二届"光华杯"千兆光网应用创新大赛全国二等奖。

---

[1] 刘盾、黎鉴远：《深圳建云端学校探索多师协同、跨校组班模式——云上云下共同体催生学习新样态》，《中国教育报》2023 年 4 月 20 日，第 1 版。

[2] 严圣禾、党文婷：《云端学校推动优质教育资源共享——教育数字化的深圳实践》，《光明日报》2023 年 3 月 26 日，第 4 版。

[3] 龚卫东：《技术支撑的教学空间变革：价值、逻辑与路径》，《中国电化教育》2023 年第 12 期。

三　推广意义

经过三年的实践，云端学校在促进学生学习方式转变、教师专业发展、新建校和薄弱校办学水平快速提升方面初见成效，探索出一条切实可行的教育数字化转型新路径，是一种技术支撑的新型集团化办学模式，在教学教研层面实现了优质资源的共享，展现出先行示范的引领性作用。

以市云端学校为引领，各区建成辐射全区的区级云端学校，以新一代信息技术为支撑，打破传统学校有形边界和物理空间，建设沉浸式的智能教学环境，形成"区级总部校区+N所入驻学校"的教与学共同体，打造结构化创新教师团队，探索个性化教学，实现了优质教育资源的共享。

深圳教育将以云端学校改革试点为依托，加快推动教育信息化"双区"建设，为打造"幼有善育、学有优教"民生幸福标杆，开辟数字化"新领域、新赛道"，为全国教育数字化转型探索"深圳样板、深圳经验"。

正念训练在深圳市青少年心理健康教育中的应用与成效

——以福田区南园街道为案例

方俊领*

摘　要： 本研究以深圳市福田区南园街道为例，探讨了正念训练在青少年心理健康教育中的应用实践。通过综合文献和案例分析，发现正念训练对南园街道青少年的心理健康有显著影响。教育资源投入、师资培训、家校合作等因素对实施效果具有重要影响。未来应深化研究、优化资源配置、加强师资培训、强化家校合作、加强跨文化适应，以促进南园街道青少年心理健康教育及正念训练的持续发展。

关键词： 正念训练　青少年心理健康教育　深圳市福田区南园街道　教育资源　师资培训

一　引言

　　青少年心理健康问题已成为全球范围内备受关注的重要议题。据世界卫生组织（World Health Organization）报告，全球约有超过10%的青少年患有心理健康问题，其中抑郁症、焦虑症等精神障碍呈逐年上升的趋势。[①] 深圳市作为现

---

　*　方俊领，深圳市福田区南园街道妇联执委，南园街道志愿者联合会理事长，主要研究方向为青少年心理健康教育、社区服务管理。

　①　World Health Organization, " Adolescent Mental Health," https：//www.who.int/news－room/fact－sheets/detail/adolescent－mental－health，2020.

代化城市，其青少年心理健康问题亦备受关注。青少年心理健康问题在深圳市比较突出，其中福田区南园街道作为城市中心区域之一，其青少年心理健康问题尤为突出。

在此背景下，正念训练作为一种重要的心理健康教育方法备受瞩目。正念训练源于佛教的正念（mindfulness）概念，强调通过专注于当下的感受和体验，以及不带有评判的自我接受，来提升个体的心理健康水平。[1] 越来越多的研究表明，正念训练在青少年心理健康教育中具有显著的效果，有助于减轻焦虑、缓解压力、提高情绪调节能力等。[2][3]

然而，尽管正念训练在理论上具备潜在的益处，但其在实践中的应用情况及效果仍有待进一步研究。本文旨在以深圳市福田区南园街道为案例，探索正念训练在青少年心理健康教育中的应用与成效。通过对南园街道实际案例的分析与评估，旨在为深圳市乃至全国范围内青少年心理健康教育工作提供实践经验和理论支持。

二　正念训练的理论基础与原理

正念训练作为一种心理健康干预方法，其理论基础和原理虽然深植于佛教正念概念，但已经在现代心理学中得到了进一步的理论发展和实践应用。以下将对正念的概念、本质，以及正念训练的核心原理与方法，以及其在心理健康教育中的作用机制进行详细阐述。

---

[1] Kabat-Zinn, J., "Mindfulness-based Interventions in Context: Past, Present, and Future," *Clinical Psychology: Science and Practice* Vol. 10 (2003): 144-156.

[2] Dunning, D. L., Griffiths, K., Kuyken, W., Crane, C., Foulkes, L., Parker, J., & Dalgleish, T., "The Effects of Mindfulness-based Interventions on Cognition and Mental Health in Children and Adolescents: A Meta-analysis of Randomised Controlled Trials," *Journal of Child Psychology and Psychiatry* Vol. 60 (2019): 244-258.

[3] Bluth, K., Campo, R. A., Pruteanu-Malinici, S., Reams, A., Mullarkey, M., & Broderick, P. C., "A School-based Mindfulness Pilot Study for Ethnically Diverse At-risk Adolescents," *Mindfulness* Vol7 (2016): 90-104.

（一）正念的概念和本质

正念一词通常翻译为"觉知"或"清晰的意识"。它强调通过专注于当前的感受、体验和思维过程，以非评判性和不反应性的态度接受这些经验，从而实现心理的觉醒和自我理解。

在正念的实践中，个体被引导去观察和意识到当前发生的一切，包括身体感觉、情绪状态和思维过程，而不是试图去改变或批判这些经验。正念的本质在于接受当下的现实，而不是沉溺于过去的遗憾或未来的焦虑，从而帮助个体建立一种平静、清醒的心态。

（二）正念训练的核心原理与方法

正念训练是通过一系列系统化的练习来培养和加强正念的能力。其核心原理是通过培养专注力和非反应性的觉知，使个体能够更加自觉地应对内在和外在的体验。正念训练通常包括以下几个关键的练习方法。

呼吸观察：个体通过专注于自己的呼吸，意识到呼吸的节奏和感觉，以此作为觉察的起点。

身体扫描：个体逐渐地、有意识地扫描自己的身体，注意身体各个部位的感觉和变化。

情绪观察：个体观察和接受当前的情绪状态，而不是试图去抵抗或扭转它们。

思维观察：个体观察自己的思维过程，意识到思维的流动性和变化，从而减少对负面思维的执着。

（三）正念训练在心理健康教育中的作用机制

正念训练在心理健康教育中的作用机制涉及多个方面。首先，正念训练有助于增强个体的情绪调节能力，使其能够更好地应对压力和负面情绪。[1]

① Hölzel, B. K., Carmody, J., Vangel, M., Congleton, C., Yerramsetti, S. M., Gard, T., & Lazar, S. W., "Mindfulness Practice Leads to Increases in Regional Brain Gray Matter Density," *Psychiatry Research: Neuroimaging* Vol. 19 (2011): 36-43.

其次，正念训练可以促进个体对自身的觉察和自我理解，从而提高自我意识和自我管理的能力。[1] 此外，正念训练还能够改善个体的注意力和专注力，提升学习和工作效率。[2]

通过以上机制，正念训练在心理健康教育中的应用可以帮助青少年建立积极健康的心态，增强应对压力和挑战的能力，从而提升其心理健康水平和整体生活质量。

三　深圳市青少年心理健康现状分析

深圳市作为中国经济特区的代表城市之一，经济发展迅速，城市化程度高，但同时也面临着青少年心理健康问题的挑战。本节将分析深圳市青少年心理健康问题的特点与趋势，并简要介绍福田区南园街道青少年心理健康状况。

（一）深圳市青少年心理健康问题的特点与趋势

深圳市青少年心理健康问题表现出以下几个特点和趋势。

学业压力与竞争压力较大。深圳市教育竞争比较激烈，深圳市的青少年面临着巨大的学业压力和竞争压力，这可能导致焦虑、抑郁等心理健康问题的增加。[3]

家庭教育方式发生转变。随着社会经济的发展和生活方式的变化，深圳市的家庭教育方式也在发生转变，父母对孩子的期望值不断提高，这可能对青少年的心理健康产生影响。[4]

① Farb, N. A., Segal, Z. V., Mayberg, H., Bean, J., McKeon, D., Fatima, Z., & Anderson, A. K., "Attending to the Present: Mindfulness Meditation Reveals Distinct Neural Modes of Self-reference," *Social Cognitive and Affective Neuroscience* vol. 2 (2010): 313-322.

② Jha, A. P., Krompinger, J., & Baime, M. J., "Mindfulness Training Modifies Subsystems of Attention," *Cognitive, Affective, & Behavioral Neuroscience* Vol. 7 (2007): 109-119.

③ 孙彦芝、杨素芬、李婷：《深圳市青少年学业压力对心理健康的影响》，《华东师范大学学报》（教育科学版）2019年第2期。

④ 赵泽、王强、杨磊：《深圳市青少年父母教育方式与心理健康的关系》，《中国健康心理学杂志》2020年第6期。

网络与新媒体的影响较大。随着互联网的普及和新媒体的发展，深圳市的青少年在网络世界中长大，面临着来自虚拟社交、网络游戏、网络暴力等方面的心理健康挑战。[1]

心理问题存在多样化和个性化特征。深圳市的青少年心理问题日益多样化和个性化，不仅包括常见的焦虑、抑郁等心理障碍，还涉及人际关系、自我认知、生活适应等方面的问题。[2]

（二）福田区南园街道青少年心理健康状况

南园街道概况。南园街道成立于1983年。辖区位于福田区东南部，面积2.1平方千米，东至红岭南路，西接华强南路并沿滨河路至福田河，南临深圳河，北靠深南中路。管辖巴登、滨江、南园、沙埔头、锦龙、南华、赤尾、滨河共8个社区，分布有赤尾（赤尾村）、旧墟（旧墟村）、沙埔头（沙埔头村）、巴登（巴登村及埔尾村）、玉田（祠堂村及向东围村）共5个城中村。截至2023年9月，辖区总人口约23.53万人，是深圳市人口密度最高的街道之一。

南园街道设立4所公立中小学，其中公立中学1所（上步中学）、小学3所（上步小学、南园小学、南华小学）。其中南园小学有2个校区，因此实际的学校数量是5所。南园小学东西校区合计有3800名在校学生，上步小学有1500名在校学生，南华小学有2211名在校学生，上步中学学生年龄段为13~15岁，共有3000名在校学生。南园街道中小学生在读人数超过了1万名。学生人数庞大，城中村居多，家庭教育资源短缺，学校德育部门、少工委、团工委都在积极寻找社会资源以补充解决青少年心理问题的师资力量。

福田区南园街道作为深圳市的一个重要地区，其青少年心理健康状况也备受关注。当地相关调查显示，南园街道的青少年心理健康问题主要集中在

---

[1] 王思、张晓雷、王文奇：《深圳市青少年网络使用状况与心理健康的关系》，《精神医学杂志》2019年第1期。

[2] 王晓琳、李丽霞：《深圳市中学生心理健康现状调查分析》，《深圳职业技术学院学报》2018年第4期。

学业压力、家庭关系、同伴关系以及网络沉迷等方面。与城市其他地区相比，南园街道的青少年可能面临着更加激烈的学习竞争和家庭压力，这可能对其心理健康产生负面影响。同时，南园街道的青少年也受到互联网和新媒体的影响，存在网络成瘾和网络暴力等问题。① 因此，对南园街道青少年心理健康问题的研究和干预具有重要意义。

四　南园街道正念训练在青少年心理健康
教育中的应用实践

南园街道作为深圳市福田区的一部分，积极探索正念训练在青少年心理健康教育中的应用。开展正念训练课程，旨在提升南园街道的青少年的心理健康水平。研究发现，正念训练对青少年的心理健康具有重要作用，能够帮助他们更好地应对压力，提升自我调节能力，改善情绪体验。② 此外，南园街道还注重教育资源的投入和师资的培训，以保证正念训练的质量和效果。综上所述，南园街道的正念训练实践为青少年心理健康教育提供了重要经验，并对其未来发展具有积极意义。

（一）南园街道青少年心理健康教育的现状

在深圳市福田区南园街道，青少年心理健康教育受到了越来越多的重视。南园街道的青少年心理健康教育包括学校、社区和家庭等多个方面的参与，但仍然存在一些挑战，主要包括以下几点。

教育资源不均衡：南园街道的学校和社区的心理健康教育资源分布不均衡，有的学校缺少专业的心理健康教师和相关课程。

家庭教育缺失：部分家庭缺乏对青少年心理健康的关注和引导，家庭环

---

① 张磊、王涛：《深圳市南园街道青少年心理健康现状及影响因素分析》，《心理与行为研究》2021年第3期。
② Zoogman, S., Goldberg, S. B., Hoyt, W. T., & Miller, L., "Mindfulness Interventions with Youth: A Meta-analysis," *Mindfulness* Vol 6（2015）：290-302.

境对青少年心理健康的帮助不大。

心理健康意识不足：部分青少年和家长对心理健康问题缺乏足够的认识和了解，存在心理健康问题却不愿意或不知道寻求帮助的情况。

（二）正念训练课程在南园街道的实施情况

为应对南园街道青少年心理健康问题，正念训练作为一种有效的心理健康干预方法被引入南园街道的学校和社区中。正念训练的实施主要包括以下几个方面。

学校课程：南园街道的一些学校已经将正念训练课程纳入课程体系中，通过每周定期的正念训练课程，帮助学生培养正念能力，促进心理健康。

社区活动：南园街道的社区开展了一些正念训练相关的社区活动，包括正念冥想课程、心理健康讲座等，向社区居民传播正念理念，提高心理健康意识。

（三）正念训练在南园街道青少年中的接受程度与效果

接受程度：大多数参与正念训练课程的青少年表示对正念训练感兴趣，并且能够积极参与其中。在学校和社区的推广下，正念训练逐渐得到了青少年的认可和接受。

效果观察：尽管还缺乏长期跟踪研究，但初步评估显示，参与正念训练的青少年在情绪调节、注意力集中和学业压力管理等方面取得了一定的进步。他们更能平静地面对挑战，更加自信地应对压力，取得了更好的学习效果，建立了更好的人际关系。

综上所述，正念训练在南园街道的青少年心理健康教育中取得了一定的成效，但仍然需要进一步地深入研究和持续地实践探索。[1] 随着时间的推移，可以通过长期跟踪调查方法来评估正念训练在南园街道青少年中的长期效果，并针对实际情况不断调整和改进课程内容和教学方法。

---

[1] 张磊、王涛：《深圳市南园街道青少年心理健康现状及影响因素分析》，《心理与行为研究》2021年第3期。

五　成效评估与案例分析

（一）使用量化和定性方法评估正念训练在南园街道青少年中的效果

为了全面评估正念训练在南园街道青少年中的效果，采用了以下两种研究方法。

（1）量化方法：使用标准化的心理评估工具，如青少年自评量表（Youth Self-Report）、抑郁焦虑量表等，对参与正念训练的青少年进行前后测试，以评估其心理健康水平的变化。[①] 此外，采用实验对照组设计，比较参与正念训练和未参与训练的青少年在心理健康指标上的差异。

（2）定性方法：运用深度访谈、焦点小组讨论等方法，探索青少年在正念训练过程中的主观体验和感受。[②] 通过系统性分析访谈内容，挖掘青少年对正念训练的态度、理解和行为改变，从而深入理解正念训练对个体心理健康的影响机制。

（二）案例分析

以下是一个具体案例，详细地描述了正念训练对个体心理健康的影响。

姓名：小红（化名）

性别：女

年龄：14 岁

背景：小红是南园街道某中学的学生。她在家庭和学校都面临着巨大的压力，尤其是在学业和人际关系方面。长期以来，她经常感到焦虑和沮丧，

[①] Zoogman, S., Goldberg, S. B., Hoyt, W. T., & Miller, L., "Mindfulness Interventions with Youth: A Meta-analysis," *Mindfulness* Vol. 6 (2015): 290-302.

[②] Sibinga, E. M., Perry-Parrish, C., Chung, S. E., Johnson, S. B., Smith, M., & Ellen, J. M., "School-based Mindfulness Instruction for Urban Male Youth: A Small Randomized Controlled Trial," *Preventive Medicine* Vol. 57 (2013): 799-801.

影响了她的学习和生活。

介入措施：学校开展了为期三个月的正念训练课程，小红积极参与其中。在课程中，她学习了正念冥想、呼吸练习、情绪感知等技能，学会了将这些技能应用到日常生活中。

效果：经过正念训练课程的学习，小红的心理健康状况得到了显著改善。她学会了通过正念冥想来放松身心，在面对学业和人际问题时更加冷静和从容。她逐渐学会了接纳自己的情绪和体验，不再被负面情绪所困扰。与此同时，她的学习成绩也有所提升，更加积极地参与学校和社区的活动。

结论：这一案例展示了正念训练对个体心理健康的积极影响。通过正念训练，小红具备了更好的情绪调节能力和应对压力的能力，提升了心理健康水平。这个训练给她带来了更好的学习和生活体验。

通过以上案例和评估结果，进一步验证了正念训练在南园街道青少年中的有效性，为其在青少年心理健康教育中的推广提供了重要的实证支持。

六　影响因素与持续发展策略

在推动青少年心理健康教育及正念训练的过程中，我们需要认识到影响实施效果的因素和挑战，并提出相应的策略与建议。

首先，教育资源的投入不足是一个普遍存在的问题。许多地区的学校和社区缺乏足够的心理健康教育资源，包括专业的心理健康教师和相关课程。[1]

其次，师资对培训的需求也是一个重要的问题。许多教师缺乏心理健康教育相关知识和技能，需要加强师资培训，提高教师的心理健康教育水平，增强他们对正念训练的认知和实施能力。[2]

---

[1] 张磊、王涛：《深圳市南园街道青少年心理健康现状及影响因素分析》，《心理与行为研究》2021年第3期。

[2] 孙彦芝、杨素芬、李婷：《深圳市青少年学业压力对心理健康的影响》，《华东师范大学学报》（教育科学版）2019年第2卷。

另外，家庭的支持与参与也是至关重要的。家庭对青少年心理健康的关注度不足，家长的参与度较低，这会影响到正念训练在家庭中的落地。①

为了持续开展青少年心理健康教育及正念训练，可以采取以下策略。

加大教育资源投入：政府应加大对青少年心理健康教育的资金支持，提高教育资源配置水平，以确保正念训练等活动的顺利实施。

加强师资培训：开展心理健康教育培训课程，提升教师的心理健康教育水平，增强其正念训练的实施能力。

促进家校合作：鼓励学校与家庭合作开展心理健康教育活动，促进家长对青少年心理健康的关注与支持，提高家庭参与度。

建立监测与评估机制：建立健全的监测与评估机制，定期对正念训练的实施效果进行评估，及时发现问题并进行调整和改进。

拓展社区资源：充分利用社区资源，开展多样化的心理健康教育活动，提高社区居民对心理健康的认知水平，促进正念训练在社区中的落实。

以上策略和建议，可以推动青少年心理健康教育及正念训练的持续发展，为青少年的健康成长提供更好的支持和保障。

在持续开展青少年心理健康教育及正念训练的过程中，除了上述策略和建议外，还需要更进一步加强以下几方面的工作。

加强学校心理健康教育课程的开展：学校作为青少年主要的学习场所，应加强心理健康教育课程的开展，将正念训练纳入课程体系，以培养学生的心理健康意识和应对能力。

建立青少年心理健康服务网络：建立起覆盖学校、社区和家庭的青少年心理健康服务网络，提供多元化、全方位的心理健康服务，包括心理咨询、心理辅导等，以满足青少年的不同需求。

加强家庭教育和家长指导：开展家庭教育和家长指导活动，提高家长对青少年心理健康的关注和重视程度，使家长能够正确引导和支持孩子的心理

---

① 赵泽、王强、杨磊：《深圳市青少年父母教育方式与心理健康的关系》，《中国健康心理学杂志》2020 年第 6 期。

健康成长。

利用新媒体和科技手段：充分利用新媒体和科技手段，开展青少年心理健康教育和正念训练，如通过在线课程、手机应用等方式，提供便捷的心理健康服务，吸引更多青少年参与进来。

加强研究和评估：开展针对青少年心理健康教育及正念训练的长期研究和评估，深入了解其对青少年心理健康的影响和作用机制，为今后的实践提供科学依据和指导。

七 总结与展望

（一）总结

本文旨在探讨正念训练在南园街道青少年心理健康教育中的应用实践，并评估其效果。

正念训练作为一种心理健康教育方法，在帮助南园街道青少年心理健康成长方面具有显著的效果，能够改善其心理健康水平。

教育资源投入、师资培训、家校合作以及跨文化适应等因素对正念训练的实施效果起到重要作用。

通过量化和定性方法的评估，可以全面地了解正念训练对青少年心理健康的影响，并提供实证支持。

（二）展望

未来，南园街道青少年心理健康教育及正念训练的发展可以从以下几个方面进行拓展。

深化研究：进一步开展长期跟踪研究，探究正念训练对青少年心理健康的长期影响，以及其在不同年龄段和群体中的适用性。

优化教育资源：加大对心理健康教育的投入，提高教育资源的配置和利用效率，确保正念训练能够覆盖更广泛的青少年群体。

强化师资培训：加强对教师的正念训练和心理健康教育培训，提升他们的专业水平和教学能力，使他们能够为青少年提供更优质的教育服务。

加强家校合作：建立健康的家校合作机制，促进家庭和学校之间的沟通和合作，共同关注和支持青少年心理健康的发展。

拓展跨文化适应：充分考虑不同文化背景下的青少年心理的差异和特点，开展针对性的跨文化适应工作，确保正念训练的有效性和可持续性。

综上所述，随着社会的不断发展和进步，南园街道青少年心理健康教育及正念训练将迎来更广阔的发展空间和更美好的未来。

职业教育及其他篇

深圳市女性技能人才培养现状及政策探究

孟凡友*

摘　要： 　技能人才是支撑中国制造、中国创造的重要力量。随着深圳市新兴产业、现代服务业、时尚创意产业等行业的高质量发展，适合女性从事的技能岗位也越来越多。为推动更多女性走上技能成才之路，深圳市持续发力，加强女性技能人才培养。本文对近年来深圳市开展女性技能人才培养工作的相关情况进行了分析总结，并从女性技能人才的培训、引进使用、继续教育等层面提出了进一步加强女性技能人才培养的政策建议。

关键词： 　女性技能人才　人才培养　技工教育体系

在崇尚技术创新的当今时代，全社会形成了关心、关注技能人才的良好氛围，认可和尊重技能人才的劳动。越来越多的女性走上技能成才、技能报国之路。为深入学习贯彻党的二十大精神，积极贯彻落实中共中央办公厅、

* 孟凡友，男，管理学博士，就职于深圳市人力资源和社会保障局。

国务院办公厅印发的《关于加强新时代高技能人才队伍建设的意见》精神，全力建设技能型社会，倾力构建深圳市技能形成体系，奋力打造世界一流技能人才队伍，深圳市高度重视技能人才队伍建设，对女性技能人才的培养持续发力，创造更多有利条件，鼓励引导女性技能人才脱颖而出，更好地成长成才。

一　深圳市技能人才培养概况

深圳市高度重视技能人才队伍建设，着力加强对女性技能人才的培养。截至 2023 年底，深圳技能人才总量为 402.30 万人，同比增长 0.38%；总量约占就业人口数的 1/3，呈现量多质高的特点。[①] 根据抽样调查数据推算，分性别看，男性占 61.39%，有 246.97 万人，同比提高 1.16 个百分点，增加 5.57 万人；女性占 38.61%，有 155.33 万人，同比降低 1.16 个百分点，减少 4.06 万人。[②] 总体来看，近两年深圳市女性技能人才绝对量和比重略有下降，有弱化趋势。

（一）加速推进现代技工教育体系建设

持续推进技工教育高质量发展，全面优化技工院校办学层次，打造技能人才优学优育"摇篮"，实现教育链、人才链、产业链有机融合。深圳技师学院逐步纳入高等学校序列，深圳第二高级技工学校也已升格为鹏城技师学院，携创民办技工学校成功升格为高级技工学校；已经初步形成公办高端引领和民办补充覆盖的双路径发展格局。坚持将"校企合作"作为基本办学制度，共创"校中厂""厂中校""企业冠名订单班"等校企合作模式。

（二）不断优化引才聚才环境

树立技能人才价值激励"导向"，大力弘扬劳动光荣、技能宝贵、创造

---

① 资料来源：《2023 年深圳市人力资源和社会保障工作报告》。
② 根据《2023 年深圳市人力资源和社会保障基本情况调查》抽样调查数据推算。

伟大的时代风尚。设立技能人才地方最高荣誉"鹏城工匠",每年评选 10 名,每人奖励 50 万元;每两年评选 100 名"技能精英",资助每人 20 万元赴境内外研修深造;树立"多劳者多得、技高者多得"的成才导向。同时深圳市在全国率先设立"工匠活动周",市、区联动开展总结表彰、全城亮灯、大国工匠进校园等几十场活动,在全社会牢牢树立尊重技能人才、尊重产业工人的鲜明导向。在补贴、入户、住房等公共政策中,建立了按照技能等级高低享受相应待遇的正向激励机制。

(三)深化技能人才培训供给侧结构性改革

认真贯彻国务院关于职业技能提升行动的工作部署,将职业技能培训作为落实"六稳""六保"和建设高水平人才高地的重要举措,落实深圳市先行示范区综合改革试点中关于"健全终身职业技能培训制度"的要求,锻造职业技能提升培训"熔炉"。以训育才、以训稳岗、以训兴企,通过加强社会化培训载体建设、大力发展"互联网+"职业培训、搭建人力资源服务生态平台技能专区等工作举措,进一步深化技能人才人力资源供给侧结构性改革。"粤菜师傅""广东技工""南粤家政"三项工程成效显著,以企业新型学徒制为代表的"双元育人模式"全面推广,工业自动化、芯片应用技术等重点领域高技能人才公益培训项目有序实施。

(四)注重市场化评价制度改革

优化技能人才市场化评价"赛道",让技能人才有盼头、有奔头、有劲头,以头部企业和第三方权威机构为引领,重新构建"市场化"技能评价格局,引导用人企业健全与技能等级紧密联系的福利待遇、晋升通道体系。截至 2022 年底,共备案华为、腾讯等 155 家市场评价主体,它们开展了自主评价和第三方评价。构建技能人才精技、竞技广阔"舞台",以赛促学、以赛促教、以赛促产。全力打造以世界技能大赛为引领、全国技能大赛为目标、省级技能竞赛为重点、市区技能竞赛为基础的"一核四级"职业技能竞赛体系,年均举办 60 余场市级竞赛。在 2022 年世界技能大赛特别赛上,深圳市选手在 3D 数字游戏艺术、云计算项目斩获 2 枚金牌，实现了深圳市在世界技能大赛金牌"零"的突破。

二 深圳市女性技能人才培养面临的问题和挑战

深圳市技能人才工作总体较好，但也要清醒地认识到，当前技能人才"招难流易""供需错位"的现象依然存在，企业培训投入不足和新职业技能标准制定缓慢等问题也亟待解决，女性技能人才培养偏弱以及女性技能人才绝对量和占比都下降的情况值得关注。

（一）技能人才培养的法律法规保障亟待优化

由于缺乏统一的统筹协调机制，深圳市职业技能培训工作主要由人力资源和社会保障部门提供普惠性培训，行业主管部门"管行业管人才"的作用没有充分发挥，存在培训项目较为分散、产教融合不够深入等问题。因此，深圳市人大修订《深圳市职业训练条例》，从顶层设计层面推动技能人才培养体制机制改革，完善全市职业培训工作的领导和协调机制，探索组建由政、企、校多方共同组成的各行业训练委员会。

（二）女性参与经济政治的程度较低

2022 年，全市年末常住人口为 1766.18 万人。其中，常住户籍人口为 583.47 万人，占 33.04%；常住非户籍人口为 1182.71 万人，占 66.96%。其中男性有 971.40 万人，占 55.00%；女性有 794.78 万人，占 45.00%。深圳就业人口有 1249.26 万人，其中，女性约为 517 万人，占 41.38%，据此推断，女性就业率低于男性。①

（三）女性培养程度亟待提升

从培养程度看，女性培养程度弱于男性。根据相关统计数据，2021 ~

---

① 据《深圳市 2022 年国民经济和社会发展统计公报》整理。

2022 年深圳市中等职业教育在校学生分别为 8.61 万人、8.87 万人,其中男性有 5.05 万人、5.11 万人,占 58.65%、57.61%;女性有 3.56 万人、3.76 万人,占 41.35%、42.39%,女性比例稍增。2021~2022 年深圳市高等职业教育在校学生分别为 5.95 万人、6.01 万人,其中男性有 2.86 万人、2.90 万人,占 48.07%、48.25%;女性有 3.09 万人、3.11 万人,占 51.93%、51.75%,比例稍降。① 可以看出,中等职业教育中男性占比高于女性,而高等职业教育中女性占比高于男性;从近两年的发展趋势来看变化不大。整体上对男女平等教育的落实还是有一定差距的。

(四)公办技工院校高技能人才培养力度亟待加大

2022 年,深圳市技工院校全日制在校生 4.6 万人,其中 2 所公办技师学院学生占 35%,9 所民办技工学校学生占 65%。总体来看,技工院校办学存在规模和质量不平衡的矛盾。一方面,民办技工学校虽然办学规模大,但办学质量不高;另一方面,两所公办技师学院虽然办学质量高,但受办学场地制约,办学规模无法扩大,未能有效发挥高技能人才培养主阵地作用。因此,深圳技师学院需要利用校内剩余的少量建设用地扩建教育教学及生活文体建筑,解决现有校区办学规模存量问题。支持鹏城技师学院对福强、侨城校区实施改造,在龙岗区市投、市建深圳国际烹饪学院,采取"小而精、精而特"办学模式,把学校打造成为具有世界一流水准的职业院校。

三 当前女性技能人才培养的主要政策依据

(一)党中央对女性技能人才培养提出新要求新举措

党的十八大以来,党中央针对为什么建设人才强国、什么是人才强国、

---

① 数据来源:深圳市统计局、深圳市妇女儿童工作委员会、深圳市性别平等促进办公室:《2021 年深圳市社会性别统计报告》《2022 年深圳市社会性别统计报告》。

怎样建设人才强国的重大理论和实践问题，提出了一系列新理念新战略新举措。习近平总书记对人才工作发表了一系列重要讲话、作出了一系列重要指示，将人才工作推向了强国兴国战略新高度。习近平总书记指出："技术工人队伍是支撑中国制造、中国创造的重要力量。"[①] 习近平总书记强调，"科技创新是提高社会生产力和综合国力的战略支撑，必须摆在国家发展全局的核心位置"。[②] 习近平总书记寄语广大妇女："希望广大妇女做伟大事业的建设者、做文明风尚的倡导者、做敢于追梦的奋斗者，在全面建设社会主义现代化国家新征程上，为实现中华民族伟大复兴的中国梦作出新的更大贡献。"[③] 女科技工作者是推动科技创新不可或缺的重要力量，2021 年，为激发女性科技人才创新活力，全国妇联、科技部等 7 部门联合印发《关于实施科技创新巾帼行动的意见》；科技部、全国妇联、教育部等 13 个部门联合印发《关于支持女性科技人才在科技创新中发挥更大作用的若干措施》，着力打造女性科技人才成长进步、施展才华、发挥作用的更好环境，更好地发挥女性科技人才在推动创新驱动发展、实现高水平科技自立自强、建设世界科技强国中的重要作用。

（二）中办、国办出台加强新时代高技能人才队伍建设创新政策

为贯彻落实党中央、国务院决策部署，加强包括女性高技能人才在内的新时代高技能人才队伍建设，2022 年 10 月，中共中央办公厅、国务院办公厅印发《关于加强新时代高技能人才队伍建设的意见》，从国家层面对加强新时代高技能人才队伍建设提出了体系性、纲领性的意见，标志着中国关于技术工人的培养、使用、奖励等的基本制度框架和政策框架已经形成。主要创新政策包括以下几点。一是建立健全技能人才职业技能等级制度。在初级工之下补设学徒工，形成由学徒工、初级工、中级工、高级工、技师、高级

---

① 《习近平书信选集》第 1 卷，中央文献出版社，2022，第 317 页。
② 《习近平谈治国理政》，外文出版社，2014，第 119 页。
③ 习近平：《把保障人民健康放在优先发展的战略位置 着力构建优质均衡的基本公共教育服务体系》，《人民日报》2021 年 3 月 7 日，第 1 版。

技师、特级技师、首席技师构成的"八级工"职业技能等级（岗位）序列，提倡男女平等。二是支持全国各地将符合条件的技能人才作为事业单位工作人员招聘对象，重视从技能人才中培养选拔党政干部，特别是女性干部。三是建立职业资格、职业技能等级与相应职称、学历的双向比照认定制度，推进学历教育学习成果、非学历教育学习成果、职业技能等级学分转换互认，建立国家资历框架。四是完善以职业能力为导向、以工作业绩为重点，注重工匠精神培育和职业道德养成的技能人才的评价体系。各级党委和政府高度重视女性技能人才工作，全面落实党中央、国务院对女性技能人才工作的部署要求，大力弘扬劳模精神、劳动精神、工匠精神，激励更多女性走技能成才、技能报国之路，培养更多女性高技能人才和大国工匠，为全面建设社会主义现代化国家提供有力人才保障。

四　深圳市女性技能人才培养政策建议

以习近平新时代中国特色社会主义思想为指导，深入学习贯彻党的二十大精神，全面落实新《职业教育法》《国家职业教育改革实施方案》，以及《深圳市妇女发展规划（2021—2030 年）》，进一步解放思想，始终聚焦"湾区所向、港澳所需、深圳市所能"，坚定不移实施人才优先发展战略，加快女性技能人才政策系统性优化调整。立足深圳市打造产业发展特色，紧紧围绕深圳市产业发展"十四五"规划确立的目标任务，充分发挥女性技能人才在大力发展新兴产业、做大做强优势产业、加快培育时尚创意产业，打造创新驱动型未来都市产业体系中的重大支撑作用。着力培育发展新动能，持续提升经济发展质量和效益，以深圳市技能领军人才培养引进为引领，以全面提升深圳市女性技能人才队伍素质为基础，优化调整女性技能人才结构，加快建设高水平女性技能人才培训载体，构建"训—赛—奖—用"循环格局，建设世界一流的女性技能人才队伍，为打造"湾区枢纽、万象深圳市"提供坚实技能基础。

（一）多措并举加强女性技能培训

将贯彻落实男女平等基本国策体现在技能培训工作全过程，在法规政策和规划的制定、执行中，在各级各类培训内容、培训过程中，都要加强对培训教材编制、课程设置、教学过程的性别平等评估，鼓励用人单位将性别平等理念融入员工日常培训中。同时，保障女性平等接受职业教育，建立和完善现代职业教育体系，培养复合型技术技能女性人才。支持中高等职业院校面向高校女毕业生、女性来深建设者、失业女性、有再就业需求女性等重点人群，开展就业创业和职业技能培训。

一是在实施深圳市工匠培育工程中注重培养女性。把女性技能人才队伍建设工作的重点放在培养上，对特殊岗位女性技能人才的表彰奖励为全社会起到示范引领作用，对于塑造崇尚技能的社会氛围十分重要。根据人才的层次分梯级建立深圳市工匠人才储备库，要针对不同层次的女性技能人才实施不同内容的培训。

二是在现代服务业中注重女性的培养。深圳市是现代服务业比较集中的城市，女性技能人才主要集中在商业服务业、现代服务业的企业中。由政府投资建设公共实训中心，加强统筹协调，建设跨企业培训中心，采取双元制培训的做法，注重解决中小企业女员工的技能提升培训问题，为中小企业的高质量发展贡献力量。

三是加大补贴力度，注重加大对高校女毕业生、女性来深建设者、失业女性、有再就业需求女性等重点人群的培养力度。部分企业的部分工种也急需女性技能人才。政府应该针对上述人群，出台专门的补贴政策来满足社会需要。另外，有些有技术含量的紧缺工种，包括厨师、茶艺师、护理、检测人员等，非常适合女性，建议进一步加大对这些紧缺工种的培训补贴力度。

（二）加强对女性技能人才的引进、使用

加强女性技能人才引进、使用方面的研究和男女平等国策的贯彻落实，同时加大对性别平等和妇女理论研究的支持力度，加大女性人才引进的补贴

力度。

一是实施柔性引才机制，注重男女平等。围绕深圳市支柱产业、新兴产业、特色产业及重点项目、重大工程建设需要，建议柔性引进深圳市企事业单位急需的高端技能人才、技能领军人才，在这个过程中注重女性人才特点。此外，采用合作引才、兼职引才、创业引才、海外引才、人才租赁、技术入股等其他适合单位实际需要的人才引进方式，引进人才时，也要男女平等。

二是公布技能人才引进紧缺工种，注意适合女性特色岗位。为提高技能人才引进的效益，可在每年公布技能人才引进工种目录前，做好技能人才的紧缺工种的全面调研工作，使引进工作有的放矢。随着行业企业生产任务的变化，随着工作的无性别差别要求的趋势，工种调研需要隔一段时间调查一次，以确保技能人才引进中女性特色岗位的比例。

三是加大女性人才引进补贴。在全国人才"争夺战"中，各大城市制定了引才政策。建议考虑女技能人才的特殊作用和特殊要求，尤其是高层次女性技能人才的作用和要求，在岗位补贴方面进一步加大力度，解决其在子女入校、生育保险等方面遇到的问题，减少女性技能人才来深的后顾之忧。

（三）强化女性继续教育

为女性终身学习提供支持，建立完善、开放、灵活的终身学习体系，拓宽学历教育渠道，满足女性多样化学习需求。扩大教育资源供给，利用社区和在线教育，为女性来深建设者、失业女性、女性新市民等提供有针对性的继续教育服务。

一是专门设立女性技能人才政策传播奖励资金。开展全民科学素质行动，加大面向女性的科学知识的传播与普及力度。建议对企业、职业培训机构、街道与社区的有关女性工作的政策宣传活动给予一定的资金补贴。

二是通过竞赛等方式促进女性的继续教育。将女性继续教育和职业技能竞赛结合起来，提高女性参与继续教育的积极性。通过岗位练兵、技术比武比赛、"五小"发明比赛等具有全员劳动竞赛性质的技能提升活动，提升女性员工参与率和女性员工的综合素质。建议根据深圳市产业特色和新业态发展，设立女性岗位练兵与技术比武专项资助资金。

三是通过奖励政策大力鼓励企业继续培养女性员工。企业与职业培训基地是培养高技能人才的主要载体，在培养、选拔、评价、使用高技能人才时，注重安排适合女性员工参与的项目设计、创新创业、科技竞赛等活动，注重培养女性员工的科学精神和创新能力。对有女性员工入选深圳市工匠、深圳市技术能手的企业，以及通过技能等级认定备案评估的企业，给予一定数额的奖励，可在现有补贴基础上提升5%。

"校家社"携手共画育人同心圆
党建赋能扩大社区"朋友圈"

大望家校社协同育人创新模式研究课题组*

摘　要：　"十年树木，百年树人。"新时代以来，党和国家密集出台相关法律法规和政策，使家庭教育这一传统"家事"上升为重要"国事"。学校教育、家庭教育、社会教育，三者相互联系、彼此影响，对人一生的成长和发展起到重要作用。大望社区党委通过建立"校家社"联席会议制度、成立多元志愿服务队伍、打造儿童友好空间、鼓励儿童参与社区治理等多项创新举措，有力推进"校家社""三位一体"高效合作，以"山水人文"孕育出一批特色品牌服务项目，以"身心并重"建立起立体化儿童保护体系，以"共育之心"夯实社区"一核多元"治理基础，"校家社"共画育人同心圆，扩大社区朋友圈，全方位护航儿童成长。

关键词：　"校家社"协同育人　立体化儿童保护体系　一核多元

一　引言

2022 年 5 月 15 日，在大望社区党群服务中心，一场别开生面的家庭文

---

* 大望家校社协同育人创新模式研究课题组成员：高桂秀（统稿），深圳市罗湖区东湖街道大望社区党委书记，主要研究方向为家校社协同育人模式；詹晓萍（文献研究），深圳市罗湖区东湖街道大望社区党委副书记，国家二级心理咨询师，主要研究方向为家庭教育、社区家长学校；姜亦雄（执笔），深圳市罗湖区东湖街道大望社区组织员，助理社会工作师，主要研究方向为社区家长学校。

化沙龙如期开展。活动以"家庭教育立法，推进家校社协同育人"为主题，通过对《中华人民共和国家庭教育促进法》的深入解读、圆桌会议、授旗仪式、"指引"正式发布等系列环节，让所有参加人员理解什么是家庭教育促进法、理解该法对普通家庭孩子的教育的重要性。"今天的活动非常有意义。我作为学生家长代表受邀来到圆桌会议发言，这样正式的场合还是头一次！"参加沙龙的学生家长代表安女士说："作为新时代的家长要清楚地意识到，家庭是第一课堂，家长是第一任老师，要通过言传身教对孩子进行爱国主义教育、品德教育、劳动教育。只有以良好的家庭教育作为基础，学校教育、社会教育也才能顺利开展。"

来自家长、学校、社区、社工、企业代表围绕"家庭教育立法，推进家校社协同育人"展开讨论。学校代表李老师分享了学校在协同育人方面的一些做法。她感谢社区的大力支持，为他们提供了活动阵地，感谢社区挖掘社会资源、高效组织活动、联结共育纽带，为学生们打开了一个新天地。社工代表阿英感谢社区党委整合了各方资源，为满足社群的需求奠定了基础，她认为，现在的大望社区的育人同心圆有系统支持，有"请进来"，也有"送出去"，孩子们的活动空间大为拓展，收获也越来越多，成长的空间也越来越大。

二　背景情况

党的二十大报告明确要求，"加强家庭家教家风建设"，"健全学校家庭社会育人机制"[①]。2015 年 10 月，教育部印发《关于加强家庭教育工作的指导意见》，提出要推动家庭教育和学校教育、社会教育有机融合。2022 年 1 月，《中华人民共和国家庭教育促进法》正式实施，这是我国首次就家庭教育进行专门立法，使传统"家事"上升为重要"国事"。2023 年 1

---

① 习近平：《高举中国特色社会主义伟大旗帜　为全面建设社会主义现代化国家而团结奋斗——在中国共产党第二十次全国代表大会上的报告》，人民出版社，2022，第 44、34 页。

月，教育部等十三部门联合印发《关于健全学校家庭社会协同育人机制的意见》，提出到 2035 年形成定位清晰、机制健全、联动紧密、科学高效的学校家庭社会协同育人机制。为进一步推进"家校社协同育人"，上面所述活动以协同育人模式为目标，以解决实际问题为导向，推动家校社形成育人合力。

东湖街道大望社区位于深圳市罗湖区东北部，辖区面积 9.8 平方千米，其中建成区 1.8 平方千米。社区总人口为 2.4 万人，其中 0~18 周岁的儿童、青少年有 6000 人左右。大望社区通过搭平台、链资源、聚合力，发挥基层党组织、社会团体的作用，建立起观念上同向、履职上同责、实施上同力的"校家社"协同育人模式。社区依托自身丰富的自然资源，结合"校家社""三位一体"的高效合作，补足学生课余时间的"空白"，助力教育高质量发展。2017 年至今，广泛开展节庆、德育、服务、研学、家庭教育、健康育人、公益宣传等方面的 700 余场活动。

三 具体做法

（一）建立"校家社"联席会议制度，拉近与群众距离

由大望社区党委牵头组织，学校、大望社区警务室、幼儿园、家委会共同参与，建立大望社区"校家社"联席会议制度，并在大望社区党群服务中心 3 楼设立联络站，以保护社区青少年儿童健康成长为目标，及时沟通协调相关单位和群众的需求，协商解决社区居民、学校、家长关心的重大问题。联席会议每月定期召开，由大望社区党委召集，学校代表、家长代表、学生孩子代表、企事业单位代表、警务室、家委会代表、义工等根据需要列席会议，一起参与讨论。大望社区以"校家社"联席会议为平台，逐步为辖区各单位、群体提供一个研究和解决社区主要问题的综合交流平台，并借助此平台密切联系居民，拉近与群众的距离，共同维护青少年儿童成长的良好环境，让辖区孩子安全、健康、快乐地成长。

（二）建立专业志愿服务队伍，提升服务质量

成立一支"教师+社工+义工+家长"的志愿者队伍，配备专业扎实、工作经验丰富的专兼职儿童工作者4人，并广泛吸纳掌握一定家庭教育知识的专业人员，形成家庭教育指导服务队伍。形成以学校社工、家长义工、社区社工为核心的志愿服务力量，建立了以社区妇联工作人员为骨干，以大学生、留守儿童为辅助性人员的志愿服务队伍，激发学生志愿者的服务积极性，开展了"安全科普社区行""防校园欺凌""无烟家庭创建"等众多服务活动。同时为保障优质服务供给，志愿者队伍定期开展专题讲座，如好家风、正面管教、亲子沙盘游戏、性教育等讲座，不定期举办优秀家长评选活动，表彰好家风典型，让家长认识到家庭教育是一切教育的起点和基础，正视家庭教育重要性。

（三）升级优化服务阵地，打造儿童友好空间

依托社区党群服务中心主阵地，对多个功能室进行适儿化升级改造，形成儿童阅读空间、幼儿游戏空间等功能室与儿童科普区、儿童阳台花园等微场景，不断满足儿童学习、娱乐、生活等需求。据统计，儿童阅读空间读书室周末单日人流量较大时能达到400人左右，使用率较高。辖区内现有大望乡情文化基地、饮水思源教育基地、兰科青少年红色教育基地、金石艺术博物馆等教育基地，丰富儿童课余生活，提升儿童科学文化素质。充分利用辖区丰富自然资源优势，因地制宜，就地取材，将社区自然文化等资源转化为实践育人的课程元素，在周末假期等课余时间组织家长和学生参加兰花基地实践、保护梧桐河等志愿服务活动，丰富、充实素质教育内涵，带动社区居民接力负起守山护水重任；组织学生参观人文、历史类博物馆或展览馆，在中华优秀传统文化的浸润下，激发他们热爱祖国、热爱深圳的情感。社区党委协调村委等各方，推进村心公园建设，增添了攀爬、滑梯、凉亭等儿童游乐设施，让辖区儿童足不出社区就能享受户外充实美好的一天。

（四）成立儿童议事会，为社区治理贡献儿童力量

2020 年，在大望社区党委的统筹领导下，依托志愿服务力量，大望社区成立儿童议事会，建立配套儿童议事会制度，鼓励儿童参与社区基层治理，为社区治理建言献策。目前大望社区儿童议事会成员有 20 人，年龄介于 9 岁和 13 岁之间。每月召开一次儿童议事会，引导儿童探索、思考、分享、交流社区治理问题，让儿童成为"校家社"协作模式的一员，参与基层治理。在儿童议事会的推动下，大望社区深入挖掘自身资源禀赋，成立了罗小树生态环保志愿服务队、罗小河生态环保志愿服务队，并于 2023 年圆满完成两支生态环保志愿服务队的揭旗仪式，组织开展了植树添绿、环保倡议、清洁河道等系列生态环保志愿活动，激发了儿童热爱社区、维护生态文明的情感。大望社区儿童议事会还积极参与社区日常事务，例如疫情期间为社区沿途背景墙涂上彩绘，疏解居民不良情绪、鼓舞激励居民；为社区党群服务中心门口大理石圆墩绘画，增添社区温度，助力文明城市创建工作；发挥想象力，为梧桐山河碧道"虹桥"命名等，贡献了社区治理中的"儿童"力量。

四　实效与贡献

（一）依托"校家社"协同育人模式孕育多个品牌服务项目

大望社区利用校家社协同育人体系，立足儿童友好社区建设，发挥利用资源优势，开展众多服务活动和品牌项目。据统计，大望社区 2020～2023 年坚持开展各类节庆、德育小行动，社区服务活动、家庭教育讲座、健康育人活动等公益服务活动合计 100 多场，参与数达 2700 人次。统筹整合辖区资源，利用儿童议事会力量，成功开展多个特色项目，如"我和大望社区兰花科普基地的愉悦时光"项目，"河我一起守护它"项目、多元主体参与社区环境治理项目，分别获得 2019 年深圳市社会组织激励扶持"年度最具

创新项目奖"和市级案例一等奖、省级案例二等奖。目前大望社区正重点推进的"非遗课程进大望""罗小树""罗小河"等生态环保志愿项目正有条不紊地开展。"非遗课程进大望"项目大大丰富了学生们的课余生活，使得非遗文化可视化、可感化，是校家社协同育人模式助推大望社区教育高质量发展的又一丰硕成果；"罗小树""罗小河"生态环保志愿服务项目将以更稳更实的步伐践行"守山护水"使命，努力谱写"幸福街区、生态东湖"新篇章。

（二）通过"校家社"联席会议制度夯实社区"一核多元"多元的治理基础

"一核"即坚持社区党委的领导，并充分发挥各党支部的积极作用；"多元"即辖区学校、幼儿园、股份公司、群团组织等。大望社区党委以孩子为纽带，以协商解决社区居民、学校、家长共同关心的下一代成长问题为目标，凝聚辖区多元主体，让辖区各单位、社区本地居民及来深建设者、社会组织的力量都逐步参与到社区治理中来，不断夯实"一核多元"的治理基础，探索出一条社区治理的新路径。

（三）建立起立体的儿童保护体系，全方位护航儿童成长

在上下学时段的交通高峰期在学校附近设置义工来疏导交通，设置交通指示牌以指引过往车辆。辖区内的梧桐山河碧道道路周边视野宽阔，确保儿童游玩时不脱离家长视线，打造安全舒适的社区儿童慢行路径。策划开展周末公益大电影、暑期夏令营等活动，关爱、关怀儿童。做好社区健康服务体系建设，构建"社区工作站+辖区心理辅导室+社康中心"青少年儿童心理健康服务框架，筑牢心理健康"防护网"。及时发现社区涉及未成年人家庭教育问题的个案，发现一起，处理一起。组织专业资源，及时为问题家庭的父母或其他监护人提供家庭教育指导服务，并实时追踪服务进度。对于特殊家庭，如离异重组家庭、父母长期分居家庭、收养家庭、服刑人员家庭、强制戒毒人员家庭等，实施"差异化"处理，一案一处理，根据实际家庭情况提供个性化精准指导。

五　启发与思考

2023 年 5 月，大望社区荣获市级社区家长学校示范点。2023 年 9 月，大望社区"'校家社'携手共画育人同心圆　党建赋能扩大社区'朋友圈'"获评 2023 年新时代深圳市社区教育服务民生创新工作优秀案例一等奖。下一步，大望社区将继续加强引导、加大投入，通过搭平台、联资源、聚合力，促进"校家社"协同育人模式进一步发展，推动建设更规范、更专业、更有实效的"家长学校"。

（一）加强对儿童议事会的支持和引导

儿童议事会为解决社区问题提供了儿童视角，贡献了儿童力量。不仅让儿童能够参与到社区事务中，还为儿童提供了良好的实践平台，也让社区事务能够更多地考虑到儿童的实际需求。

（二）联结外部资源，丰富服务内容

大望社区特殊的地理位置，导致一些外部资源难以进入，现阶段的"校家社"协同育人模式更多的是充分挖掘和利用本地资源。下一步将利用妇联、共青团等组织积极联结外部资源，丰富服务的内容和形式，助力"校家社"协同育人模式更上一层楼。

（三）加强对留守儿童群体的服务

大望社区来深建设者群体较多，约占社区总人口的 70% 以上。每年暑假期间有众多的留守儿童从老家来到深圳与父母团聚，暑假期间可以针对该群体开展更多的关爱和服务活动，不断营造关心、关爱、关怀儿童的良好氛围，进一步提升辖区儿童的安全感、幸福感。

深圳儿童性教育现状研究以及对策分析

陈一宁*

摘　要：　本文从国内的儿童性教育发展和现状入手，探讨儿童性教育的本质和重要性，重点分析深圳市的儿童性教育现状并提出对策。本文结合深圳市的实践情况和科学证据，再次重申：正确的、系统性的、适应儿童年龄变化的性教育会给社会带来积极意义。

关键词：　深圳市儿童/幼儿　儿童性教育　家庭教育

一　性教育的定义

性教育被定义为关于人类性行为的教学，包括亲密关系、人体性解剖学、有性生殖、性传播感染、性活动、性取向、性别认同、禁欲、避孕以及生殖权利和责任等内容，是由儿科医生、学校、其他专业人士和家长提供的关于人类性行为和性生殖的发展适宜且循证的教育。[1]

儿童性教育并不是单纯地教儿童认识性，而是一套体系完善的教育模式。根据联合国教科文组织发布的《国际性教育技术指导纲要》，全面性教育（Comprehensive Sexuality Education, CSE）是一个基于课程，探讨性的认

＊　陈一宁，深圳慈云鸽医疗科技有限责任公司董事长兼首席执行官，资深医疗行业从业者。女性、儿童健康领域创业者，性教育、性与生殖健康倡导者。美国东北大学药品及医疗器械国际法规专业硕士。主要研究方向为数字疗法在国际法规中的标准研究。

①　Breuner CC, Mattson G., "Sexuality Education for Children and Adolescents," AAP Committee on Adolescence, AAP Committee on Psychosocial Aspects of Child and Family Health, *Pediatrics* 2016 Aug; 138（2）: e20161348.

知、情感、身体和社会层面的意义的教学过程。它包括社会性别、权力不平等、社会经济因素、种族、艾滋病病毒感染、残障、性倾向和社会性别认同等内容。其目的是使儿童和年轻人具备一定的知识、技能、态度和价值观，从而确保其健康、福祉和尊严。[①]

全面性教育中的"全面"强调的是帮助学生发展性知识、技能和态度，以享有积极的性和良好的性与生殖健康。全面性教育计划的核心要素有一些共性，例如要以人权为基础，并认可"性"是人类发展的自然组成部分。

联合国教科文组织希望世界各国根据《国际性教育技术指导纲要》这套性教育框架，结合自身的文化特性来展开性教育实践。如今全面性教育已经成为包括我国性教育专家在内的全世界性教育专家的共识。[②③]

二 儿童性教育的重要性

强有力的证据表明，正确有效的性教育能改善人们在性与生殖健康方面的态度。[④] 对儿童来说，性教育能帮助他们建立对自己身体的认知，从而降低儿童性侵害/性虐待的发生率；帮助儿童与别人建立平等、健康的关系；鼓励学生质疑和社会性别有关的社会和文化规范，树立社会性别平等态度。[⑤]

---

① UNESCO, et al. , Revised Edition of the International Technical Guidance on Sexuality Education.
② 聂慧敏、余小鸣、宋玉珍等：《学生家长教师对全面性教育内容的需求分析》，《中国学校卫生》2019 年第 12 期。
③ Wangamati CK. , "Comprehensive Sexuality Education in Sub-Saharan Africa: Adaptation and Implementation Challenges in Universal Access for Children and Adolescents," *Sex Reprod Health Matters.* 2020 Dec; 28 (2): 1851346.
④ UNESCO, 2016c. , "Review of the Evidence on Sexuality Education," Report to Inform the Update of the UNESCO International Technical Guidance on Sexuality Education, prepared by Paul Montgomery and Wendy Knerr, University of Oxford Centre for Evidence-Based Intervention, Paris, UNESCO.
⑤ Haberland, N. , Rogow, D. , "Sexuality education: Emerging trends in evidence and practice," *Journal of Adolescent Health*, Vol. 56. 1 (2015): 15-21.

（一）降低儿童性侵害的发生率

近几年，儿童性侵案件的发生呈上升趋势，儿童的性意识和性保护能力都比较薄弱，因而让儿童学会辨识性侵犯，在遭遇性侵犯时懂得如何保护自己，以更好地预防性侵犯就显得尤为重要。

据《"女童保护"2017年性侵儿童案例统计及儿童防性侵教育调查报告》，就当年媒体报道的相关数据来看，儿童性侵（14岁以下）案件达378起，受害人606人。在这些数据中女童人数为548人，占90.43%；男童人数为58人，占9.57%；受害者年龄最小的仅为1岁，7~12岁儿童占比最高，为32.84%。①

大量儿童性侵害案件的调查显示，儿童性安全意识淡薄、性安全认知不足是这些悲剧产生的原因之一，因为其不能辨识性侵害，也未意识到后果的严重性，所以防范便无从提及。②

李海兰等人的研究表明，有效的学校性教育不仅能帮助儿童解除对"性"的困惑，而且还可以预防或减少性生殖健康问题对他们伤害的风险。③

而刘婷等人的研究表明，在回避式性教育或非规范的性教育背景下，学生不仅无法接受系统的性教育知识，而且会受学校或社会对性知识普及的回避示范影响，长此以往可能会造成学生对性话题的回避态度。而这种性回避态度不仅加大了儿童遭遇性虐待的风险，也给及时揭露这些问题造成了严重障碍。④

---

① 中国少年儿童文化艺术基金会：《"女童保护"2017年性侵儿童案例统计及儿童防性侵教育调查报告》。
② Barth, R. R&Derezotes, D. S., *Preventing Adolescent Abuse: Effective Intervention Strategies and Techniques*, Lexington, MA: Lexington Books, 1990: 39-80.
③ 李海兰、杨慧杰、罗毓仪等：《中小学生性教育现状与对策思考》，《中国学校生》2022年第7期。
④ 刘婷、植凤英、王悦：《国内外阻碍儿童性虐待揭露因素研究进展》，《中国健康心理学杂志》2023年第6期。

（二）认知自我，了解自己的情感

儿童通过全面性教育可以学习了解自己的情感、进行自我管理（比如个人卫生、情感和行为）、增强社会意识（如共情）、提高处理人际关系技能（如积极的人际关系、处理冲突）、作出负责任的决策（如建设性的、符合道德的选择）。通过这些学习，儿童也获得了发展自信心的机会。[1]

性教育框架下的关系包含了不同种类的人际关系，而不仅仅是性关系。儿童对这些关系的意识和认识要远远早于他们在性方面的主动探索，因此，他们在很小的时候就需要具备相关的知识和技能，从而能够了解自己的身体、人际关系和感觉。[2]

马佳等人 2007 年对深圳市福田区 3 所幼儿园共 600 名儿童进行性心理行为问题调查。其中前五种性相关行为表现排序为抚摸生殖器、看父母洗澡、看小朋友上厕所、做新郎新娘游戏、喜爱异性的服装和玩具；多数家长认为学龄前儿童有必要进行早期性教育。因此，提高教育者的性知识水平和性教育意识、在家庭生活中正确引导、在幼儿园开设科学的早期性教育课程是培养儿童健康性心理的有效措施。[3]

（三）帮助建立平等、互相尊重、健康的人际关系

全面性教育不仅仅和性行为有关，它也包含了身体、青春期、人际关系、生活技能等方面的信息。已有的证据表明，在接受正规学校教育伊始就仔细而有计划地为儿童和年轻人提供科学、准确、非评判性和适合年龄与发展阶段的完整信息，将会使他们获益良多。在缺失全面性教育的情况下，儿童和年轻人很容易受到来自同伴、媒体或其他渠道的相互冲突，有时甚至是

---

① UNESCO, et al., "Revised Edition of the International Technical Guidance on Sexuality Education," *Paris: UNESCO*, 2018.

② UNESCO, et al., "Revised Edition of the International Technical Guidance on Sexuality Education," *Paris: UNESCO*, 2018.

③ 马佳、孙晓勉、谢怡、刘黎明：《学龄前儿童常见性相关行为及早期性教育探讨》，《中国妇幼健康研究》2007 年第 4 期。

有害的信息的影响。高质量的性教育则提供了完整且正确的信息，强调积极的价值观和人际关系。[①]

一些研究表明，全面性教育实际上推迟了年轻人的首次性行为，并且使其更负责任。大量的研究也显示，当年轻人接受的性教育特别强调负责任的决策和相互尊重的人际关系时，他们会更倾向于推迟发生性行为。[②]

（四）促进性健康，构建公平和谐社会的需要

性教育为孩子和年轻人提供有关性的各方面的无偏见的、科学正确的知识，让儿童青少年获得有关人体、人体的发展和功能、与性有关的正确的信息，了解避孕的知识，帮助儿童青少年预防性传播疾病的感染和艾滋病以及性要挟，掌握必要的生活技能来处理性和恋爱等各个方面遇到的问题，并懂得如何咨询和获得医疗服务。[③]

这些会让年轻人基于理解，负责任地作出选择，帮助年轻人为生活做好准备，帮助其建立和维持令人满意的两性关系，以更加负责的态度对待与异性的关系，同时保护自己，防范潜在的风险。让人与人之间形成相互理解、相互尊重的关系，减少性虐待和性暴力的发生。性教育的核心动机就是这样一个信念，即支持引导年轻人以更加负责、安全、满意的方式对待性。因此性教育有助于培养恭敬开明的态度，有助于构建公平和谐的社会。

---

① UNESCO, et al., "Revised edition of the International Technical Guidance on Sexuality Education," Paris: UNESCO, 2018.

② UNESCO: "International Technical Guidance on Sexuality Education: An Evidence-Informed Approach for Schools, Teachers and Health Educators, Paris, UNESCO," Retrieved from http://data.unaids.org/pub/ExternalDocument/2009/20091210_ international_ guidance_ sexuality_ education_ vol_ 1_ en. pdf. 2009.

③ WHO Regional Office for Europe and BZgA (2010), "Standards for Sexuality Education in Europe," http://www.oif.ac.at/fileadmin/OEIF/andere_ Publikationen/WHO_ BZgA_ Standards. pdf2010—10/2013-07-01.

（五）缺乏性教育或错误的儿童性教育带来的负面影响

1. 增加儿童性侵害的发生风险

缺乏高质量且适合年龄及发展阶段的性和人际关系的教育可能会导致儿童和年轻人更容易遭受性伤害和性剥削。将复杂的话题排除在全面性教育之外，增加了年轻人遭受伤害的风险，也限制了他们在自己的性实践和人际关系中的主动性。

2. 加剧基于社会刻板印象的歧视

生理体验、社会性别和文化准则影响儿童和年轻人对于性以及生殖健康的整体体验。比如月经对于很多女孩来说是很重要的生理体验，然而，在一些资源匮乏的地区，很多女孩在这方面面临挑战，这进一步加剧了社会性别不平等。[①]

在我国，旧文化中对性与月经的排斥，让一些青春期女性对自己的身体产生厌恶，对月经产生羞耻感。这些文化现象对女孩的身心产生深远的不利影响。

同样男性也会感受到来自同龄人的压力，他们基于刻板印象（比如身体力量、攻击性性行为和性经验），认为自己必须符合男性性别特征。

3. 被网络/现代媒体的歪曲信息误导

进入青春期的年轻人往往更愿意通过其他渠道来学习，而不愿意向他们的父母学习。现代媒体，尤其是手机和互联网，已经成为重要的信息来源，但是大量的信息，尤其是有关性的，是被扭曲的，不切实际的，经常是带有偏见、歪曲事实的信息，比如一些网络色情信息。[②]

对于年轻人来说，区分正确和错误的信息非常困难。尽管线上媒体可以

---

① Secor-Turner, M., Schmitz, K. and Benson, K., "Adolescent Experience of Menstruation in Rural Kenya," *Nursing Research* Vol. 65. 4 (2016): 301–305.

② WHO Regional Office for Europe and BZgA, (2010) "Standards for Sexuality Education in Europe," http://www.oif.ac.at/fileadmin/OEIF/andere_ Publikationen/WHO_ BZgA_ Standards. 2013–07–01.

提供大量的信息，但并没有为年轻人提供空间来就一些话题进行讨论、反思或辩论，或发展相关的技能。

面对这样的局面，需要一个新的性教育理论来纠正误导性的信息，这就需要正式的学校性教育。

三　我国儿童性教育的现状

（一）我国儿童性教育起步晚，总体发展相对滞后

国外性教育起步较早，起源于20世纪20年代。在20世纪末期，性教育就在世界上许多国家和地区开展了。西方国家在进行儿童性教育时充分运用建构主义理论，倡导教育注重个体化发展，让每个学生成为自己知识体系的建构者；注重利用多媒体、广播、网络、书本等载体，运用情景、交流、合作等学习要素，充分激发每个学生学习性知识的主动性。此外，国外对儿童的性教育，经过不断扩充和发展，逐渐包含了有关性的全部内容，如性科学教育、性别角色教育、性道德教育和性法制教育。[①]

而我国的性教育起步较晚，1988年国家教委、计生委发布《关于在中学开展青春期教育的通知》，我国的性教育才正式进入大众视野。直到现在，学校性教育工作仍未取得较好的成效。在学校方面，虽然在《中小学生健康指导纲要》《中国儿童发展纲要》等文件中明确提出了针对儿童的性教育的相关要求，但这些要求并没有得到有效落实，儿童性教育长期被排斥在现有的教育系统之外，难以有效实施。

在操作实践方面，性教育课程设置仍不完善，缺乏专业的性教育师资力量，导致性教育课堂常常面临"缺课"境况，在面对学生提到的性教育问题时，教师常感到难以启齿。[②]

[①] 谢晴、王晨霁：《试论我国儿童性教育的方法创新》，《创新创业理论研究与实践》2019年第19期。

[②] 李霞：《农村幼儿性教育的现状及对策——以陇南市为例》，《甘肃教育》2016年第2期。

（二）儿童性教育存在的问题及其原因

从国内的实证研究可知，现阶段儿童的性安全认知状况不容乐观，主要存在以下几个问题。

第一，性知识匮乏。有学者调查发现，在要求小学一、二年级学生标出自己的身体哪些地方是不能让其他人随便看或随便摸时，仅有 32% 的学生能全部正确地标记出身体隐私部位。[①]

第二，性知识获取渠道不当。多地区的调查结果发现，小学生的性知识多数来源于网络、影视、课外书刊等传媒，而来自家长及学校的性知识所占比例比较小，这很明显地向我们显示出小学生获取性知识的正式渠道——学校和家庭，还不够通畅。[②] 而互联网、影视剧等媒介成为小学生性知识的主要来源，更容易导致小学生不良性心理的产生，不利于小学生的健康发展和社会和谐建设。[③]

第三，公众对性教育的态度有待改善。2017 年北京师范大学儿童性教育课题组历时 9 年完成的《珍爱生命——小学生性健康教育读本》，因被家长质疑"部分言辞、图画过于直白"，而被校方收回。[④]

（三）深圳市性教育现状

深圳市作为经济开发区，儿童性教育工作走在国内前沿，其对性教育重要性的认知度和接受度相比经济欠发达地区要高。早在 2005 年，深圳市教育局就印发了《关于开展中小学性健康教育的指导意见》和《深圳市中小学生性健康教育专题教育大纲》的通知。通知指出：深圳是移民城市，是

---

① 门从国、胡珍、赵晓玲、卢旭：《未成年人性安全现状研究及教育思考》，《中国青年研究》2006 年第 3 期。

② 蔡晓芬、金云：《国内性教育研究现状及分析》，《社会心理科学》2014 年第 1 期。

③ 王旭红：《性教育缺失对青少年性犯罪的影响及其对策研究》，《湖南人文科技学院学报》2007 年第 3 期。

④ 《今天，我们如何自然地跟孩子说"性"？》，《文汇报》2017 年 3 月 16 日，https://www.sohu.com/a/129034411_ 374904，最后访问日期：2024 年 5 月 14 日。

我国改革开放的窗口，又毗邻港澳，国内外交往频繁，大众传播商业化过程加快，人们的思想活跃，观念开放，对青少年造成冲击，他们在性健康方面存在许多困惑和问题。有些问题如不能及时解决，将会对学生的健康成长产生不良影响，严重的会出现身心疾病，甚至诱发犯罪。中小学生的健康成长，不仅需要一个文明、健康的环境，而且需要我们帮助其掌握科学、系统的性知识，提高其生活技能，增强其性保护意识。

马佳、李双飞等人 2008 年以深圳市福田区、罗湖区、南山区的 4 所小学抽中班级的全部小学生的家长作为研究对象进行调研，结果显示，71.8% 的家长认为对小学生开展性教育很有必要，高于杭州市 2001 年的调查结果。① 但家长们仍然认为开展性教育，由老师讲解才是最主要和重要的方式，与上海的调查结果相似。在开始性教育的时间上，大部分家长认为性教育的时间是青春期性发育的时间。有部分家长指出，家长尚未做好对孩子进行性教育的准备。

那次调查结果还显示，小学生家庭性教育的状况不容乐观，仅有 1.9% 的家长表示开展家庭性教育没有困难。相当一部分小学生家长对一些基本的性生理、心理知识及疾病知识，如儿童手淫、艾滋病传播途径等，存在一定的认识误区，对孩子讲过艾滋病传播途径，如何预防艾滋病、性病等知识的家长所占比例亦较小，这表明家长自身对于性教育各方面的知识的掌握不足影响了对孩子的教育。②

吴建忠在 2010 年对深圳市南山区的 289 个幼儿家庭和 206 个小学生家庭所做的调查显示，儿童性教育正面、积极的意义和其价值被大多数家庭认同。但是仍然有 30.4% 的幼儿家长和 33.9% 的小学生家长对开展 3~12 岁儿童家庭性教育持消极态度，担心儿童家庭性教育会产生负面影响。性教育实践领域几种错误的性教育观，如"无师自通论"、"诱发错误论"和"问题

---

① 马佳、李双飞、孙晓勉、张弦：《深圳市小学生家庭性教育现状调查》，《中华行为医学与脑科学杂志》2009 年第 7 期。

② 马佳、李双飞、孙晓勉、张弦：《深圳市小学生家庭性教育现状调查》，《中华行为医学与脑科学杂志》2009 年第 7 期。

发生论"，在 3~12 岁儿童家庭中还是很有市场的。[1]

赖振爱等在 2020 年以 477 名深圳市特殊儿童家长为对象，对性态度、性知识、性能力及性需求进行调查，为在家庭有效实施性教育提供参考。结果显示，家庭性教育发展现况较佳，性知识掌握程度最佳，性态度与性教育需求次之，性教育能力方面仍需努力。[2]

从深圳本地的文献中可以看出，随着性教育工作的不断完善，以及性教育知识的普及，深圳市民、幼儿园及小学教育工作者对儿童性教育的重视程度和全面性教育的认知度都提高了不少，但在性教育的具体实践方面，仍然有待提高。

四　深圳市针对儿童性教育薄弱现状的应对措施

早在 2001 年，深圳有关部门已经考虑利用特区的优势，在全国率先编写出全新的性教育教材，把对学生的性教育提前到小学高年级，了解学生性知识的现状和他们的需求，从而制定符合各年龄段的教学大纲。[3]

洪旺全等在 2007 年的《整体化性教育"深圳模式"研究》中表示，针对在校学生性教育薄弱问题，市政府把中小学青春期教育纳入教育部门的工作目标责任制，每年进行年度考核。市人口计生局与市教育局联合组织了在校学生的性与生殖健康知识、态度、行为调查，编写了中小学《性健康教育教材》，把参与式教育方法推广到学校，通过老师在中小学校青少年中开展青春期性教育。[4]

随后的 2012 年，深圳市国民经济和社会发展第十二个五年规划纲要，提出加强学校卫生工作，积极开展疾病预防、科学营养、卫生安全、禁毒控

---

① 吴建忠：《3~12 岁儿童家庭性教育之我见》，《性教育与生殖健康》2010 年第 1 期。
② 赖振爱、周晓雯、佘丽：《特殊儿童家庭性教育现状研究——基于深圳市特殊学校的调研》，《才智》2020 年第 13 期。
③ 易运文：《性教育应向低龄青少年延伸》，《光明日报》2001 年 8 月 19 日，第 2 版。
④ 洪旺全、李红联、陶林、王建中：《整体化性教育"深圳模式"研究》，《中国性科学》2007 年第 9 卷。

烟、性教育等健康教育，保证必要的健康教育时间，保障学生身体健康和生命安全。①

《深圳市儿童发展规划（2021—2030年）》特别指出，将性教育纳入基础教育及其质量监测体系，增强教育效果。培养专业师资队伍，组织编写针对不同年龄段学生的专业性、科学性、系统性的课程教材。促进学校与医疗机构密切协作，提供适宜儿童的性健康服务，保护就诊儿童隐私。设立儿童性健康保护热线。②

20多年来，深圳市政府、教育机构等相关部门对儿童性教育一直比较重视，并持续优化了儿童性教育的指导纲要和理论。不仅如此，在实践层面，深圳市也充分发挥了特区优势，不断普及性教育知识，提高民众的认知程度，增强性教育教授能力。

五 学校、家庭、社会开展儿童
性教育的途径

性教育是一套成体系的课程，理想的性教育模式应该由家庭、学校、社会三方面配合，共同努力。

1. 学校在全面性教育开展中起核心作用

帮助儿童和青少年为成年后的角色和责任做好准备，这一过程中，不同的人员和机构都扮演着重要的角色。在开展全面性教育方面，教育部门起着决定性作用。作为教学活动和个人发展的场所，学校能够利用现有的基础设施，包括专业师资、可信赖的信息来源以及正式课程等长期开展教育。专业教师有能力为儿童和青少年提供适合其年龄和发展阶段的学习体验，儿童和

---

① 深圳市人民政府办公厅：《关于印发深圳市教育发展"十二五"规划的通知》，深圳政府在线，2012年9月10日，https：//www.sz.gov.cn/zfgh/2012_ 1/gb805/content/post_ 4952151. html，最后访问日期：2024年5月13日。

② 参见《深圳市儿童发展规划（2021—2030年）》。

青少年则把学校和教师看作最为可靠的信息来源。①

在学校开展全面性教育的其他优势包括以下几点。

（1）学校领导有权力从多方面着手创设具有保护性和支持性的学习环境。

（2）实践证明，基于学校开展的项目在预防艾滋病病毒和确保年轻人获得性与生殖健康教育与服务方面是一个非常经济有效的方式。②

（3）学校作为社会支持中心，可以将儿童、父母、家庭、社区与其他服务（例如健康服务）联系起来。

在深圳，学校性教育的核心作用已得到验证。马佳、李双飞等抽取深圳市福田区3所托幼机构学龄前儿童的家长和幼儿园教师作为研究对象，调查学龄前儿童的性心理问题及家长、教师在儿童性心理教育方面的知识、态度、行为。他们采取知识讲座、发放健康宣传册、座谈等方式进行了9个月的健康教育干预，比较干预前后家长和教师在知识、态度、行为方面的变化和儿童性行为的变化。干预后，家长和老师对开展早期性教育的认知、态度、行为均有所改善，证明对家长和老师进行健康教育干预有利于提高家长和老师对早期性教育的重视程度。③ 马健、朱丹玲等也经过调查得出结论：医校联合干预模式对提高中学生生殖健康知识知晓率、心理健康水平，促进态度及行为的改变具有一定的效果，可有效提高青少年生殖健康知识水平。④

2. 父母/家庭扮演着重要的角色

父母和家庭作为信息、支持和关爱的首要提供者，在帮助孩子建立健康

---

① UNESCO, et al., "Revised Edition of the International Technical Guidance on Sexuality Education." *Paris: UNESCO*, 2018.

② Kivela, J., Ketting, E. and Baltussen, R., "Cost Analysis of School-Based Sexuality Education Programs in Six Countries," *Cost Effectiveness and Resource Allocation*, Vol. 11. 1 (2013): 1-7.

③ 马佳、李双飞、孙晓勉：《学龄前儿童性心理教育调查及健康教育效果评价》，《华南预防医学》2009年第1期。

④ 马健、朱丹玲、廖慧霞：《深圳市中学生生殖健康教育医校联合模式探索》，《中国妇幼健康研究》2017年第4期。

的性关系和人际关系方面发挥着非常重要的作用。对儿童来说，家庭是其接触时间最早和最为亲密的场所，相比后期较为系统的性教育，家庭对儿童早期的性启蒙、渗透教育更为重要。

因此，家长自身应树立正确的性教育观念和态度，正确看待儿童性教育问题。幼儿园可通过家园合作栏、系列讲座等多种途径来宣传儿童性教育相关知识和方法，使家长明确性教育对儿童发展的重要性，使其今后在面对儿童的好奇时，以平和的心态正面儿童的问题，进行正确的性启蒙教育。

在儿童形成自己的社会性别认同、建立自己的性关系和社会关系等方面，父母也扮演着重要的角色。父母反对学校开展全面性教育，往往是出于恐惧和对全面性教育及其影响缺乏了解，因为他们想确保孩子所接触的性与生殖健康信息与家庭的价值观念相吻合。学校开展全面性教育并不是要试图取代父母的角色，而是希望与父母合作，让父母参与并支持这个过程。

3. 社会、社区在儿童性教育中的作用也不可忽视

非正规教育和社区教育也是开展全面性教育课程的重要形式。在校青少年也经常在周末、晚上或假期参与社区组织的全面性教育。参与这些项目可以补充和拓展课堂的全面性教育所教授的内容。例如在某些地区，教师不允许在课堂上展示安全套，但在大部分社区环境中却没有这些规定，而且社区课堂也没有40分钟的课时限制。在非正规的社区环境中开展的全面性教育，也为父母提供了脱敏的机会，并有助于加强居民和性与生殖健康服务之间的联系。

此外，随着通信技术和社交媒体在年轻人的生活中扮演着越来越重要的角色，有必要让年轻人获得必要的知识和技能，以帮助他们作出负责任的选择。例如，互联网上大量有关性活动的信息和图片，对很多儿童和青少年而言，这可能是他们与性或者性教育的第一次接触。通信技术和社交媒体在提供更多积极、准确和不带评判色彩的关于性和人际关系的信息方面有巨大的潜能。然而，这些技术同时也传播不准确和不合适的信息，使得含有暴力内容的网络色情信息更易获取，从而强化了有害的社会性别规范。

来自不同层级的不同利益相关方都应该参与到校内外全面性教育的规划

和实施中。各级政府主管部门、学校和社区都应该在学生的不同阶段对教育活动有不同程度的参与，比如国家政策的制定、课程大纲的修订、新课程推广机制和规划等。

六　不同年龄段儿童性教育要点

（一）5岁以下的儿童性教育要点

1. 能够识别身体的各个部位；

2. 了解性别区分；

3. 认识性器官；

4. 知道我从哪里来；

5. 知道自己是什么性别，了解固定的性别特征；

6. 了解自己的隐私部位，并在家长的帮助下不断强化；

7. 知道哪些是性器官，明确与性器官有关的行为界限。

（二）5~8岁的儿童性教育要点

1. 描述不同的家庭类型，表达对不同类型家庭的尊重；识别家庭成员的不同需求和家庭角色；

2. 定义什么是朋友；描述友谊包含的关键要素（例如信任、分享、尊重、支持、同理心和团结）；

3. 认识到每一个人都是独一无二的，都能够为社会作出贡献，并有被尊重的权利；

4. 描述"家庭"和"婚姻"的概念；

5. 确定重要的个人价值观，如平等、尊重、接纳和宽容；

6. 能够定义人权；认同每个人都享有人权，且都应得到尊重；

7. 了解自我、自己的感受和身体；

8. 了解生理性别与社会性别之间的差异；

9. 认识到每个人都同样有价值，不论其属于何种社会性别；

10. 了解社会性别观念和社会性别刻板印象带来的不利影响，包括歧视和暴力；

11. 能够识别欺凌和暴力，并认识到这是错误行为；

12. 识别身体的隐私部位；认识到每个人都有"身体权"；

13. 描述什么是互联网和社交媒体；列举互联网和社交媒体带来哪些益处和潜在危险；

14. 定义同伴压力；举例描述好的或坏的同伴影响；

15. 识别不同形式的沟通（包括语言和非语言沟通）；识别健康的沟通方式和不健康的沟通方式；

16. 懂得向成人求助；

17. 认识关键的内外生殖器官，并描述它们的基本功能；认识到对身体包括对生殖器官产生好奇，是完全正常的；

18. 描述生殖的过程；了解受孕始于精子和卵细胞结合并在子宫着床的知识；

19. 认识并欣赏自己的身体；

20. 了解性行为与性反应；认识到性活动是一种表达关爱的成熟方式；

21. 认识健康与疾病，了解艾滋病；认识艾滋病病毒感染者的基本需求。

（三）9~12岁的儿童性教育要点

1. 能够描述父母/监护人和其他家庭成员如何支持孩子进行决策；认同父母/监护人和其他家庭成员会影响孩子的决策；

2. 认识到友谊和爱能够让人建立良好的自我感觉；

3. 了解自己的权利，并知道国家法律和国际协议对于人权的规定非常重要；

4. 认识到在家庭、朋友、恋爱关系、社区和社会中存在社会性别不平等和权利差异；

5. 能够认知什么是基于社会性别的暴力（例如：欺凌、性骚扰、情感暴力、家庭暴力、强奸），并说出社会性别暴力可能发生的场所，包括学校、家庭、公共场所或网络；

6. 认识到性虐待、性骚扰和欺凌（包括网络欺凌）是有害的，并懂得寻求帮助；

7. 认识到在成长过程中，需要了解什么是不受欢迎的性关注以及什么是隐私需求；

8. 认识到决策是一项可以学习和练习的技能；认识到同伴可以影响与青春期和性有关的决策和行为；

9. 识别有效沟通和无效沟通，描述有效和无效、语言和非语言沟通的特征（例如：积极倾听、表达感觉、表明理解、有直接的眼神交流与不倾听、不表达感觉、不表明理解，以及没有目光交流之间的对比）；

10. 定义媒介的不同类型（例如：社交媒介、传统媒介）；列举媒介刻画男性、女性及人际关系的案例；描述媒介对与性和社会性别相关的个人价值观、态度及行为所产生的影响；

11. 意识到儿童需要就某些问题（例如：虐待、骚扰、欺凌、疾病）寻求帮助，并知道从何处获得帮助；

认识到每个人的身体都有跟性健康和生殖有关的部位；认同每一个人的身体都是独一无二的，认识到人们可能存在身高、体型、机能和外貌特征方面的差异；

12. 认识到青春发育期标志着一个人生殖能力的变化；

13. 认识到一个人的价值不由其外貌决定；

14. 认识到人类天生具备终身享受性的能力；

15. 能够认识性反应周期；了解青春期；

16. 理解怀孕的关键特征；

17. 认识到艾滋病病毒可通过不安全的性行为传播。

音乐胎教的独特作用与实践探索

江　涌*

摘　要:　音乐胎教是一种通过音乐对孕妇和胎儿施教的胎教方法,对孕妇与胎儿健康有着重要影响和独特作用,不仅对胎儿大脑发展有益,还可以愉悦孕妇,促进孕妇与胎儿互动。随着胎教的普及和现代科技的发展,音乐胎教越来越受到人们的重视,国内外不同学者、机构都对其进行了研究和探索实践。科学的音乐胎教方式,对孕妇与胎儿健康具有积极作用。

关键词:　音乐胎教　胎儿健康　素质提升

音乐胎教是以音乐治疗的学科专业为基础,通过音乐的方式促进孕妇与胎儿健康成长的综合性方法。音乐胎教要素涵盖的范围很广,包括旋律、节奏、调式、和声等,同时音乐的表达除了人们熟悉的聆听,还包括演奏和互动等。因此,音乐胎教是一种由音乐贯穿的、系统的综合胎教方法,主要包括聆听式音乐胎教、冥想式音乐胎教、吟诵式音乐胎教等。[①] 多年来,国内外学者、机构都对音乐胎教进行了探索实践,形成了各种不同的音乐胎教方法,音乐胎教的科学性大大提高,对孕妇及胎儿的健康产生积极影响,有助于国民素质的提升。

---

* 江涌,教育学博士,儿童音乐教育工作者、音乐工作者,世界华人合唱艺术联合总会副主席,多来咪文化产业联盟、多来咪童声学院创始人,主要研究方向为早期儿童音乐教育、音乐教育、心理健康、艺术赋能生命等。

① 陈金华、陈金凤、刘滨月:《音乐胎教后胎儿宫内行为及血流动力学变化的超声研究》,《中国社区医师》2006年第14期。

一 音乐胎教的影响及作用

（一）音乐胎教对胎儿大脑发育产生积极影响

著名教育心理学家让·皮亚杰（Jean Piaget）的胎教理论认为，音乐胎教能够通过合理的音乐信号和语言信号刺激，促进胎儿大脑机能、躯体运动机能、感觉机能及神经系统机能的成熟，提高胎儿的后天素质。美的旋律、动人的歌声以及平稳的节奏通过人体右脑微小的神经系统向左脑传递，声波的有序震动起到按摩的作用，从而对中枢神经与脑部整体性发育产生积极作用。

（二）音乐胎教缓解孕妇焦虑情绪

孕妇拥有好的心理状态是胎儿健康成长的重要条件。实际上，不少孕妇伴有焦虑紧张等情绪，导致饮食与内分泌等功能混乱。悦耳柔和的音乐可以刺激孕妇和胎儿听觉神经器官，引起大脑细胞的兴奋，促使孕妇分泌出一些有益于健康的激素、酶、乙酰胆碱等，帮助孕妈妈调节心理情绪和生理机能，减轻妊娠反应，帮助心脏、消化器官和内分泌回归正常状态，从而增强孕妇体质，促进腹中胎儿的健康成长。

国内研究人员曾进行过对照实验，实验组孕妇在聆听 10 分钟的音乐后，其副交感神经兴奋性增强，呼吸频率变慢，同时心率降低。副交感神经的兴奋可以有效帮助孕妇得到充分的休息和恢复，同时增强孕妇消化功能，加强孕妇对营养物质的吸收和能量的补充。因此，音乐胎教不仅对胎儿发育有着积极作用，对孕妇也能产生有益影响。[①]

（三）音乐胎教促进孕妇及胎儿良性互动

胎儿在子宫内逐渐形成人格和情感，妈妈的所有行为和情感对胎儿都具

[①] 邓翠莲、钟玉瑶、李玉文：《音乐胎教对胎儿免疫功能的影响》，《临床护理杂志》2016 年第 1 期。

有重要影响。音乐胎教能改善孕妇不良情绪，让孕妇产生良好的心境，并将这种信息传递给腹中的胎儿，使其深受感染。此外，音乐胎教能够帮助孕妇提高审美能力，刺激胎儿的听觉感官，加快其听觉神经网络的发育，有助于培养胎儿的音乐天赋。

二　音乐胎教在国内外的探索研究

（一）国外对音乐胎教的探索

1."莫扎特效应"的提出

"莫扎特效应"源于1993年美国科学家弗朗西斯·劳舍尔在《自然》杂志上发表的论文里提到的实验结论：听莫扎特 K448 号乐曲能够改善人类的空间推理和记忆。[①] 莫扎特被誉为"音乐神童"，大多数作品具有纯净、明亮、节奏稳定的特征，音乐共情性很强，音乐框架结构完善，音区比较适合大众人群，这种音乐特征能够激发欢快、愉悦等正向情绪，因此对胎儿身心健康发育起到积极的作用，特别是能促进智力开发与身体发育。

为证实"莫扎特效应"对促进人类智力发展的积极效果，美国科学家弗朗西斯·H. 劳舍尔博士曾为"莫扎特效应"理论做了一个实验。他将怀孕母老鼠分成A、B两组，给A组的母老鼠每天播放莫扎特的音乐，将B组的老鼠放在一个没有音乐且相对安静的空间，这种状况持续8周。结果A组的老鼠在许多实验数据上完胜B组，如A组老鼠除了提前找到出口外，其犯错率小于37%，通过迷宫的速度快了27%。由此得出结论，音乐对老鼠大脑海马区有极为明显的刺激作用，并能促进脑细胞及神经系统快速联系和反应。

2.音乐胎教研究探索

国际上知名的胎教法，如美国斯瑟蒂克胎教法、意大利蒙台梭利胎教

---

① 吴晓颖：《我国科学家证实"莫扎特效应"》，《科技日报》2016年1月29日，第3版。

法、日本七田真胎教法，各有特色，却无一例外地强调并运用了音乐胎教方法。

美国斯瑟蒂克胎教法建议父母每天在家里播放旋律优美、节奏明快的纯音乐或歌曲，通过声音、旋律激发母亲幸福与爱的情感，传递给胎儿，促进胎儿各感觉器官的发育成长。

（二）国内对音乐胎教的探索及应用

1. 国内探索

我国是世界上最早提出胎教概念和最早研究、提倡实施胎教的国家。秦汉时期胎教学说已初步形成，隋唐以后至明清时期的胎教理论逐步完备并且科学化。[①] 如今，科学胎教已经成为社会广泛关注的话题。

现代科学的发展为音乐胎教从感性经验总结向实证研究的迈进提供了可能。邓翠莲等人以广东省佛山市顺德区龙江医院妇产科 2014 年 9 月至 2015 年 9 月收治的 600 例单胎初产孕妇为样本，观察音乐胎教对胎儿免疫功能的影响。通过对比实验组与对照组的胎儿—胎盘血液循环阻力、胎儿的胎动、胎儿的胎心率以及脐带血免疫球蛋白（IgA、IgG、IgM）和 C-反应蛋白（CRP）的变化水平，得出结论：音乐胎教能有效地降低胎儿—胎盘循环阻力，增加胎盘灌注血流量，有利于胎儿对于营养物质和氧气的吸收，显著增强胎儿免疫力。[②] 王树越等人认为，孕妇在保证充足营养与休息的条件下，对胎儿实施定期、定时的音乐刺激，可促进胎儿的感觉神经和大脑皮层中枢的更快发展，促进婴幼儿智商发育。[③]

2. 深圳多来咪童声学院探索音乐胎教的实践

胎教的难点在于胎儿听不懂、看不见、无法理解，如何在孕妇及胎儿两

---

① 杨雯晶、汪岷：《胎儿出生前的舐犊情深——关于胎教音乐的探讨》，《中国民族博览》2022 年第 21 期。
② 邓翠莲、钟玉瑶、李玉文：《音乐胎教对胎儿免疫功能的影响》，《临床护理杂志》2016 年第 1 期。
③ 王树越、贾更、李析蓓：《音乐对胎教的影响》，《中国医药科学》2011 年第 12 期。

个不同的世界中传递信息、促进交流，是我们需要解决的问题。深圳多来咪童声学院（以下简称"多来咪"）于 2003 年由中国音乐学院和深圳市文化艺术培训行业会长单位共同组建，其发展目标是培养高端音乐人才、研发适合当代中国儿童特色音乐课程等。立足自身实践经验，多来咪探索科学胎教从"0"起步，将音乐胎教分为五种形式。

一是被动式物理法音乐胎教。该方法借助乐器演奏或物理学的发声声频，在一定的距离控制下进行物理声波的碰撞和传播。该方式一般借助 CD、DVD 光盘、MP3、MP4 等，不建议使用具有辐射性的电脑和手机。传播声效控制在 60~70 分贝，每天按量按次进行循环胎教，以达到使孕妇和胎儿身心愉悦的教育效果。

二是主动式自带音乐流量的孕妇及胎儿胎教。无须借助任何物理作用和物体支持，孕妇及胎儿不受任何空间、时间限制，孕妇自吟自唱、自编自唱。这是一种让孕妇和胎儿心灵联通、快乐共享的胎教方式，其成效远远高于其他任何胎教方式，是最应该推行的一种高效胎教方式。

三是个性化、精准化音乐胎教。根据不同孕妇的体质和中国工程院院士王琦对 9 种不同体质的划分，对孕妇进行匹配，对孕妇进行"对症下药"，实施不同的音乐胎教方式，使孕妇及胎儿快乐同频、音乐共振。

四是海量式音乐胎教。在胎教施教过程中不指定音乐或曲目，只要是音乐都可以使用。这种胎教容易造成过度胎教，导致胎儿精神和心理问题，故这种胎教方式为野蛮式胎教，笔者不倡导该方式。

五是孕妇及胎儿组合式"合唱"胎教。古话说：丝不如竹，竹不如肉。世界上最美妙的音乐莫过于人声，人声之美妙又莫过于集体的和声，天籁般的童声更是声音的魅力所在。基于以上原理，多来咪在深圳积极开展这一尝试性的实验，将童声合唱作为胎教形式或工具，成立多来咪教育基地，将创新教学与公益演出有机组合在一起，组织多场亲子合唱音乐活动以及以"幸孕妈妈"的"乐孕动、准妈妈"为主题的合唱音乐会，为准妈妈们提供更加美妙的胎教音乐，通过合唱帮助孕妈保持放松的心情，促进胎儿身心的健康发育。

三　音乐胎教实施的建议及展望

（一）音乐胎教实施建议

1.选择合适的胎教音乐

早期胎教要正确地选择音乐。比如莫扎特的音乐风格比较平衡，音乐共情性很强，其音乐框架结构完善，音区不高不低，节奏平稳，乐句发展极为对称，适合大多数孕妇。柴可夫斯基、贝多芬的音乐，情感显得过于沉重、悲怆，不太适合作为胎教音乐。

2.遵循"先母""后婴"的施教原则

早期胎教要遵循"先母"和"后婴"的音乐施教原则。在施教过程中如果不是采取"先母"和"后婴"的原则，势必会造成适得其反的胎教效果，对胎儿发育产生极为严重的负面影响。

音乐内容很重要。音乐胎教施教过程中首先要考虑孕妇的精神需求和感受，然后才是胎儿的感受。如果胎教没遵循"先母"和"后婴"的原则，那这样的胎教就缺乏实效性。选择胎教音乐内容得以母亲的喜好为准，由浅入深地培育婴儿聆听习惯。

3.施教强度要适宜

强度适宜的胎教才能促进孕妇及胎儿的心理健康。超高分贝的音乐胎教，是一种不科学、不适宜和不可取的音乐胎教方式。音乐声效过高会引起婴儿狂躁不安，音乐声效过于低沉和消极又容易使婴儿焦虑。这些都会给孕妇及胎儿造成不良的影响。旋律适宜、节奏适度、科学健康的胎教音乐能对孕妇和胎儿起到积极作用。

（二）对音乐胎教的展望

自深圳市率先倡导儿童友好城市建设、提出"从一米高度看城市"以来，音乐作为一种重要的艺术形式，不断赋能儿童友好城市的新发展，音乐教育成为培育这座城市文化厚度，厚培城市文化底蕴，滋养城市人文精神、艺术精神、科学精神的重要方式。

新一代的准父母们对胎教的需求日益增加，胎教市场增长迅速，音乐胎教作为重要的一部分，对其的需求也在持续增长。音乐不仅可以帮助建立和谐的亲子关系，提高公众文化素养，更能推动城市文化建设，促进科学育儿观念的普及和国民素质的提升。

图书在版编目（CIP）数据

深圳妇女儿童发展报告 . 2023：教育 / 深圳市妇女
儿童发展研究会主编 . --北京：社会科学文献出版社，
2024.10 . --ISBN 978-7-5228-4113-7

Ⅰ.D442.6；D432.5；G527.653

中国国家版本馆 CIP 数据核字第 202406WB85 号

深圳妇女儿童发展报告（2023）
教育

主　　编 / 深圳市妇女儿童发展研究会

出 版 人 / 冀祥德
责任编辑 / 刘同辉
责任印制 / 王京美

出　　版 / 社会科学文献出版社（010）59367126
　　　　　　地址：北京市北三环中路甲 29 号院华龙大厦　邮编：100029
　　　　　　网址：www.ssap.com.cn
发　　行 / 社会科学文献出版社（010）59367028
印　　装 / 三河市东方印刷有限公司

规　　格 / 开　本：787mm×1092mm　1/16
　　　　　　印　张：13　字　数：196 千字
版　　次 / 2024 年 10 月第 1 版　2024 年 10 月第 1 次印刷
书　　号 / ISBN 978-7-5228-4113-7
定　　价 / 98.00 元

读者服务电话：4008918866